こどもスポーツ練習 Q & A

やってみよう
水泳

七呂靖弘
七呂理絵

JN108207

ベースボール・マガジン社

マナブくん

スポーツ大好きな男の子

水泳をはじめたばかりです
うまくなるにはどうしたらいいの？
七呂先生に聞いてみよう！

ゆめちゃん

好奇心いっぱいの女の子

水の中を自由に泳げるって楽しそう！
どんな泳ぎ方があるのかな？
教えて七呂先生！

著者 **七呂靖弘**先生**&七呂理絵**先生

みなさんの質問に答えます！
泳ぐ楽しさを発見できるよ

はじめに

　水泳には、「できた」という階段がたくさんあります。それだけ達成感を味わう機会がいっぱいある競技です。

　小学生であればひとりで水に入ることができますし、70歳や80歳など高齢になってもぐんぐん上達します。生涯にわたって長く楽しむことができ、いつからはじめても達成感を得ながらうまくなれるのが水泳の特徴です。

　ルールが簡単であることも特徴の一つです。そのため早くに習いはじめて、幼稚園生のうちにバタフライ→背泳ぎ→平泳ぎ→クロールという200メートル個人メドレーを泳げる子もいます。幼稚園生がひとりでこれだけの動きをこ

この本に出てくるマークの紹介

やってみよう

やってみてほしい動きや練習法

ココが大事！

とくに大事なこと、
意識しておきたいこと

ワンポイントアドバイス

心がけたいこと、
泳ぎに生かせるポイント

気をつけよう

よくやってしまう悪い動作の例

レベルアップのコツ

より上達するための応用的な
アドバイス

メモ

これも覚えておくといいよ、
というお話

知ってる？

水泳に関する豆知識

こちらもチェック⇒
あわせて読みたいページの紹介

なすというのは難しいことのように思うかもしれませんが、技術的なレベルはさておき、幼いときから、大人のトップ選手と同じことができてしまうのが、水泳という競技なのです。

多くのクラブで男女が一緒に練習をするなど、男女差なく楽しめるのも水泳の魅力です。ぜひ、はじめてみてください。

この本は、泳ぐための基礎や競技のルールから、クロール、背泳ぎ、平泳ぎ、バタフライの泳ぎ方まで、みなさんの質問にお答えするかたちで解説しています。これから水泳をはじめる人や、うまく泳げるようになりたい人の助けになれば幸いです。

もくじ

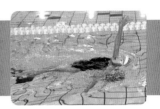

第3章 いろいろな泳ぎに挑戦しよう

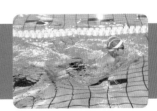

第4章 クセを直して泳ぎをよくしよう

第**5**章 競技会に出てみよう

第1章

水泳を
はじめてみよう

用具や
スイミングクラブに
ついて紹介します

楽しみです！
いろいろ教えて
ください

水泳の楽しさってなんですか?

水泳には、水の中で自由に動く楽しさや、競技としての楽しさがあります。

水泳をはじめたばかりのころは、水の中にもぐったり、水中を思うように移動できるようになったりなど、自由に動くことが楽しいと感じるでしょう。

また、泳げるようになってからは、より速く、より長く泳ぐための技術的な向上が、水泳の楽しさにつながっていくと思います。

水の中で感じる音や光など、普段とは違った感覚も楽しさにつながる

Ⓐ 水の中を自由に動ける ところです

泳ぐ技術が上達すれば、より速くより長く泳ぐことができるようになる

✌ ココが大事！ さまざまな楽しみ方がある

　水に頭まで入れるようになると、目を開ければ水面に光が反射してキラキラしていたり、音も陸上とは違った聞こえ方をしたりと、水中ならではの感覚が得られます。とくに水泳をはじめたときにおもしろいと感じられるところです。また、水泳を続けていけばさまざまな泳ぎ方を習得できたり、速いタイムが出せるようになったりして、競技としての楽しさも味わえます。

Q 02 そろえたい道具は なんですか?

A 水着、キャップ、ゴーグル をそろえましょう

水着

女の子用

シンプルなワンピースタイプがおすすめ。フリル付きなどひらひらしたデザインは練習には向いていない。体から布地が離れると水の抵抗になって進まず、体が重くなる原因にも

男の子用

ボックスタイプ（四角形のトランクスタイプ）やパンツタイプ（V字の形）を選ぼう。パンツタイプは布地が少し少なく、ボックスタイプのほうが多く選ばれている

ゴーグル

初心者には、視界がはっきりする大きめの明るい色のレンズで、目の周りが痛くならないクッション付きのタイプがおすすめ

中上級者には水の抵抗が少ない小さめのレンズと、細い2本ひものタイプが主流。初心者など慣れていない場合はひもをきつくしないと頭から抜けやすいので注意

キャップ

通気性のあるメッシュタイプ（右）と、きつくフィットするシリコンタイプがある。シリコンは水の抵抗を減らせるが、素材が固く、かぶるときに力が必要。またゴム製のため髪の毛がひっかかると痛いので、初心者はメッシュタイプを選ぼう

ひもの二股部分を上下にずらすと

ゴーグルのひもは、途中から二股になって
いるタイプが装着しやすい初心者向けです。
二股部分を上下にずらすことでフィット感が
増します。

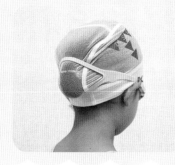

ワンポイントアドバイス　髪の長い子のキャップのかぶり方

　髪の長い子がキャップをかぶる際、髪が出ないように保護者が高い位置で結ぶこと
が多いのですが、深くキャップをかぶれず脱げやすくなります。低い位置で結び、キ
ャップのゴムを結び目にひっかけるようにしてかぶると脱げにくくなります。また、
髪を結ばない子も、髪はなるべく帽子の中に入れましょう。

髪を低い位置で結んで、ゴムをひっかけるよ
うにしてキャップをかぶろう

髪を高い位置で結ぶと、深くかぶれずに脱げ
やすくなってしまう

Q 03 プールの大きさ、用具の名前を教えてください

プールの大きさと名称

プールの大きさには距離が50メートルの「長水路」と、25メートルの「短水路」の2つの種類がある。世界最高の舞台であるオリンピックなどは長水路でおこなわれるが、日本の学校で一般的に使われているプールは、ほとんどが短水路で、深さは120センチが多い。

プールの底には印があり、見れば泳いでいて距離がわかるようになっている。端のＴ字部分から壁までは2メートル

コースロープ。全国大会では、外側から緑、青、黄色の順で色分けされている。泳いでいる選手が位置を確認しやすいように両壁から5メートルのところは赤色

クロール（自由形）、背泳ぎ、バタフライでは、スタートやターン後は、15メートルまでしか潜水してはいけない。その位置を示している

コース番号は1からではなく0から。大きな大会では予選10人、決勝8人で泳ぐこともあり、決勝で泳ぎづらい壁際を使わなくてすむようにしている

長水路プール

短水路でレースをおこなう場合は、コースロープを張り直して、長水路プールを横に使うことが多い

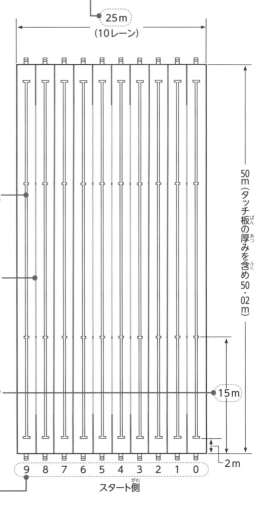

25m
（10レーン）

50m（タッチ板の厚みを含め50．02m）

15m

2m

9 8 7 6 5 4 3 2 1 0

スタート側

A 長水路は50メートル、短水路は25メートルです

用具の名前

5メートルフラッグ

プールの端から5メートル地点の頭上、真横に並んで設置されるフラッグ。背泳ぎのときに、残りの距離を確認するために使われる

コースロープ

各コース間を区切るためのロープでさまざまな色があるが、残り距離を示すためにプールの端から5メートルは色が変わっていることが多い。競技会をおこなう場合は必ずセンターレーン（8レーンや10レーンの場合は4、5コース）の左右のコースロープのみ黄色が使われる

写真上部にある三角の旗が5メートルフラッグ。コースロープは写真のプールの場合、端から5メートル地点までが青色で示されている

知ってる？ ペースクロック

60までが刻まれた、赤い針と青い針のある時計。これをペースクロックといい、赤い針が「秒」を、青い針が「分」を指しています。水泳は反復練習をよくするので、何秒で泳ぎ、何秒休憩したら次をスタートするのかを、各自がペースクロックを見て判断していくのです。

どこで泳ぐことができますか?

A スイミングクラブや公共施設で泳げます

　各地域にあるスイミングクラブや、市区町村が運営する施設内のプール（公共施設）などを利用して泳ぐことができます。

　子どもが小さい場合、公共施設には基本的に大人と一緒に行って泳ぐことになると思いますが、スイミングクラブであれば、費用はかかりますがコーチの先生から教わることができます。

TOKYO SWIMMING CENTER

スイミングクラブではコーチの先生から教えてもらうことができる

Q 05 スイミングクラブに入ると何がいいのですか？

A 基礎から教えてくれます

まず、大きなプールで練習ができること。そのなかでコーチの先生に基礎から順番に教えてもらえるというのが一番いい部分です。友だちができたり、友だちと競い合って、やる気が出たりするところもよい点だと思います。ひとりの先生が10人前後の子どもたちを指導することが多いので、集団行動も身につきやすいです。

知ってる？ 個人レッスンもある

スイミングクラブとは別に、公共施設を使って個人レッスンをしているコーチから水泳を習うこともできます。費用はクラブよりも高い傾向にありますが、少ない人数でレッスンを受けることで、より自分のペースで知りたいことを聞くことができるかもしれません。

A 見学に行ってみましょう

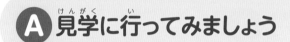

クラブによって雰囲気が違うので、見学してみることをおすすめします。本格的に競技としてのスイミングを教えているところや、スイミングを楽しむことを優先させているところなど、特徴はさまざまです。

また、通いやすさなどもクラブ選びの大事なポイントになります。見学ができるクラブのほうが多いので、ぜひ見学に行ってみましょう。

しっかりと練習
上手に泳げるようになりたい人や、競技としての水泳をしたい人におすすめ

楽しむことを優先
楽しみながら水に慣れ、ある程度泳げるようになりたい人におすすめ

ワンポイントアドバイス　短期教室もチェック

多くのスイミングクラブは子どもたちの長期休みにあわせて、2、3日程度の短期教室をおこなっています。費用はかかりますが、実際に水に入って指導が受けられるので、よりクラブの雰囲気などを感じやすいと思います。

ココが大事！ 通いやすさは大事なポイント

　自分にとって雰囲気のあったクラブを見つけても、距離が遠いなどの理由で通いにくいと、継続して通えなくなる傾向にあります。練習に行かなければ上達はしませんので、最低でも週に1回、できれば2回くらいは通えるところを選ぶことをおすすめします。家からの距離や送迎バスの有無、親御さんの送迎方法など、クラブの雰囲気だけではなく実際に通うことを考えてクラブ選びをしてください。

バスや車、自転車など通い方はさまざま。通いやすさも考えてクラブ選びをしよう

メモ クラブの月謝は？

　どのくらいの頻度で通うかによっても変わってきますが、週に1回通う場合、月に8000～12000円くらいのクラブが多いでしょう。

Q 07 通うのは何歳からがいいですか?

A 何歳からでも大丈夫です

水泳の授業がはじまる小学校入学前や幼稚園入園などのタイミングではじめる人が多いです。

ただし、2歳半〜3歳くらいから子どもだけでレッスンを受けられますし、首がすわる生後半年からは、親御さんと一緒に受ける「ベビースイミング」にも参加することができます。

もちろん、大人になってスタートする方もたくさんいます。水泳は何歳からでもはじめられます。

ベビースイミングの様子 ©東京スイミングセンター

ワンポイントアドバイス クラブ探しはインターネットで

東京の場合、スイミングクラブは300前後あり、主な駅周辺には必ずといっていいほどあります。インターネットで検索するなどして、自分に合ったクラブを探しましょう。

Q 08 知っておきたい用語はありますか?

A 練習で使う言葉を覚えると便利です

キック　Kick

足で水をけって、前へと進む力に変える動作のこと。泳ぎ方によってキックの方法は異なるが、水をける動作をキックと呼ぶ。

プル　Pull

手でとらえた水を後方へとかいて、前に進む力に変える動作。泳ぎ方によってプルの方法は異なる。

スイム　Swim

プルやキックなどを使って、泳ぐこと自体をスイムと呼ぶ。練習メニューでは「スイム25m×4本」などと書かれることもある。

Q 09 どんな泳ぎ方がありますか?

A 4つの泳ぎ方が一般的です

クロール〈自由形〉

水面に対してうつ伏せの状態で、手を前に伸ばしたところから、体の下で水をかき、水の上から手を戻す泳ぎ方で、バタ足を続けながら手を交互に動かしていく。

背泳ぎ

水面に対して仰向けの状態で、気をつけの姿勢から、顔の前を通るように片手を上げて頭の上から戻し、水の中で体の横をかいていく。バタ足のまま、左右交互に手を動かす。

一般的には「クロール」「背泳ぎ」「平泳ぎ」「バタフライ」の4つの泳ぎ方があります。オリンピックでも採用されている、水泳の代表的な泳ぎ方です。

スイミングクラブなどで水泳を習う場合には、この4つの泳ぎ方を習得することが、一つの目標です。

平泳ぎ

両手を前に伸ばしたところから、横に向けて水をかき込み顔の前に集めるように両手を動かす。足は足の裏を使って左右同時に水を後ろへとける。両手と両足は左右対称に動かす。

バタフライ

両手を同時に動かして水の中をかき、水の上から同時に前へと戻す。キックは両足をそろえて、水を下へとけり込むようにする。キック2回に対して1回のプルをおこなう。

水泳が苦手なみなさんへ

　水泳が苦手なみなさんは大人も子どもも共通して、基本を習得しないまま、いきなり泳いでしまっていることが多いように感じます。

　第2章で紹介する「水慣れ」や「浮き身」などをおこない、まずは水の中で自分の体をコントロールできるようになると、苦手意識をなくしやすいです。逆に言うと、この部分を飛ばして上手に泳ぐのは、なかなか難しいと思います。

　かっこよく泳いでいる友だちや仲間を見て、同じように泳ごうとマネをしたい気持ちはわかります。しかし、基本が身についていないまま泳ぐと、うまく進まないだけではなく、水を飲むなどして水泳に苦手意識を持ったり、泳ぐのが嫌いになったりしてしまいます。

　遠回りに感じるかもしれませんが、まずは水中で自分をコントロールできるよう、基本を身につけましょう。水泳が楽しくなり、泳ぎが得意になるための大事な要素だと思います。

水の中で体を自由に動かせるようになれば、水泳が楽しくなる

第2章
泳ぎの基本を身につけよう

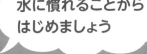
水に慣れることから
はじめましょう

早くプールに
入りたいな

10 プールで泳いでみたいです

大きなプールや、水を頭からかぶることを怖がってしまう子はたくさんいます。まずはいきなりプールに入るのではなく、シャワーを浴びながら目を開けたり、プールサイドに座ってバタ足をしたりして、水に慣れること（水慣れ）からはじめてみましょう。最初に水に慣れておけば、いざプールに入ったときも水が怖くなくなります。

▶ やってみよう1

シャワーを浴びながら目を開ける

上から流れてくるシャワーの水に対して目を開ける。水の中に入っても目を開けられるように、シャワーで練習しよう。

Ⓐ まずは水に慣れましょう

 家のお風呂で練習！

　水を怖がってしまう場合は、お風呂で桶に入れた水を、目を開けて頭からかぶるのも効果的です。シャワーを浴びながら目を開ける練習と同じく、水の中で目を開けるための準備になります。

🚩 やってみよう2　プールサイドでバタ足

　プールに入る前に、まずはプールサイドに座ってバタ足をする。水に対してだけではなくプールの大きさにも慣れていく。楽しみながらやってみよう。

Q 11 もぐると水を飲みそうです

A 息を吐きながらもぐりましょう

いきなり頭のてっぺんまでもぐってしまうと、口の中に水が入ってきてビックリします。

まずは目と鼻を水上に出した状態で、声を出しながら口だけもぐるのがおすすめです。

声を出すことで常に息が吐かれている状態になるため、水が口に入ってくることがありません。顔を上げたら息を吸いましょう。

🚩 **やってみよう1 息を吐きながら口までもぐる**

大きく息を吸ったら、「うー」と声を出して息を吐きながら、口だけ水の中にもぐる。息を吐きながらもぐることで、水が口の中に入るのを防ぐことができる。

大きく息を吸う

「うー」と声を出して水の中へ

🔈 ワンポイントアドバイス　段階を踏んで水に慣れる

　水に慣れるまでは、ゆっくり段階を踏んで進んでいきましょう。プールサイドに座って顔や体に自分で水をかけるなど、ていねいに水慣れをしていってください。水に対する恐怖心をなくしていくことが大切です。

プールサイドに座って体に水をかける

自分で顔を洗うようにプールの水をかける

🚩 やってみよう2　水中で10秒ガマン

　水慣れのステップを進めてきたら、最後は頭までもぐった状態で、水の中で10秒数えられるまでガマンしてみよう。

⚠ 気をつけよう

教えるとき、絶対に無理矢理やらせない

　親御さんやコーチ役の方が指導をするとき、水に対する子どもの恐怖心を取り除けていない状態で、頭を押さえるなど無理矢理もぐらせることは絶対にしてはいけません。水が嫌いになって次からやらなくなってしまいます。

Q 12 上手に息つぎがしたいです

A 息の吐き方から 覚えましょう

　息つぎをするときは、水にもぐったときに「ブクブク」と鼻から息を吐き、水から顔を出したときに「パッ」と口から吸います。呼吸をするように「スーッ」と息を吸ってしまうと、空気だけではなく水まで口の中に入ってきてしまうので注意しましょう。口元についた水滴を飛ばすようなイメージで「パッ」と吸ってください。

▶ やってみよう1
口から息を吐く

　息を吸ったあとに、まずは口まで水にもぐったら、ブクブクと泡を立てるように口からゆっくりと息を吐く。

▶ やってみよう2
鼻から息を吐く

　同じように息を吸って鼻まで水にもぐったら、ブクブクと鼻からゆっくりと息を吐いていく。

やってみよう3 "ブクブク、パッ"で息つぎ

鼻から吐いて「ブクブク」

息を吸って顔全体を水につけたら、「ブクブク」と鼻からゆっくり息を吐いていく

息を吐き終えたら、水から顔を上げる

「パッ」で息を吸う

口元の水滴を飛ばすように「パッ」と口を開けて息を吸う

 **ワンポイントアドバイス お風呂で息つぎの練習をしてみよう**

"ブクブク、パッ"の息つぎは顔を水につければできるので、へりにつかまってバランスをとりやすいお風呂でおこなうのもいいでしょう。

第2章 泳ぎの基本を身につけよう

泳ぎにつながる
息つぎの練習法は?

ボビングは、息つぎだけではなく今後に習得する4つの泳ぎ方にもつながる練習方法です。

前に伸ばした手を下に下げながら、水を手で押さえて体を進めるという動作は、手で水をかく動きにもつながるため、ここでしっかりと身につけておきましょう。

▶ やってみよう ボビング

「ブクブク」と鼻から息を吐く

両手を前に伸ばす

両手で水を押さえるように顔を上に

両手を前に伸ばして顔を水につけ、「ブクブク」と鼻から息を吐く

両手で水を下に押し、顔を水面より高く上げながらジャンプして進む

Ⓐ ボビングをやってみましょう

 背が高くなってきたらやってみよう

この練習は、小学校高学年になって背が高くなってきたら、おすすめです。プールにある程度、水深があって肩くらいまでは水に入っていないとできないため、場所を選ぶ練習ではありますが、通常のプール（水深120センチ）に対して、小学校高学年であれば足がついて口くらいまでは出るので、息つぎの練習法として適しています。

顔を上げて
「パッ」で
息つぎ

水から顔が出たら「パッ」と口元の
水滴を飛ばすように息を吸う

31

Q14 水中で目が開けられません

A 少しずつ開けてみましょう

水中で目を開けることは、思いのほか簡単ではありません。まずは、うっすらと目を開けてみて、できたらすぐに顔を上げる。次に大きく目を開けてみるなど、少しずつ長く開けられるようにしていきましょう。

目が開けられるようにならないと、水中で体に力が入った状態になってしまいます。水に浮くなど次のステップに進むためにもすごく大切です。

やってみよう1 うっすらと目を開ける

まずは、うっすらと目を開けてみて、それができたら目を大きく開けてみる。徐々に水の中で目を開けることに慣れていく。

うっすら目を開ける

⚠ 気をつけよう

目を開けられないと 体に力が入る

　目を開けられないと、水を怖がった状態になり体に力が入ってしまいます。余計な力が入っていては水に浮いたり、息つぎをしたりできないため、泳げるようになるためには目を開けられることが大事なポイントです。

🚩 やってみよう2　水中じゃんけん

　目を開けられるようになったら、水中でじゃんけんをしてみよう。この練習で、楽しみながら目を長く開けられるようになる。

Q 15 水中で自由に動きたいです

A 深くもぐる練習を しましょう

水中で目を開けることができるようになると、水に対する恐怖心が消えて、台から足が離れたり、体が浮いたりしても怖くなくなってきます。

そこで次は、お尻やお腹をプールの底につけるなど、ひとりで水中に深くもぐる練習をしていきましょう。深くもぐることで水の中で自分の体をコントロールする感覚をつかんでください。

▶ やってみよう1 深くもぐる

勢いよく水中にもぐって、水深を高くしている台にお尻やお腹をつける。いきなりつかなくてもいいので、少しずつ深くもぐれるように練習しよう。

台にお尻をつける

台にお腹をつける

親御さんなどが補助をする場合、手を持って一緒にもぐってあげよう。頭や体を押さえつけて無理に深くもぐらせようとするのは絶対にやめる。子どもが怖がってプールを嫌いになってしまう

やってみよう2 輪っかくぐり

深くもぐるための練習として、プールに沈めた輪っかをくぐるのも効果的。水にもぐって体をコントロールするための練習を楽しくできる。

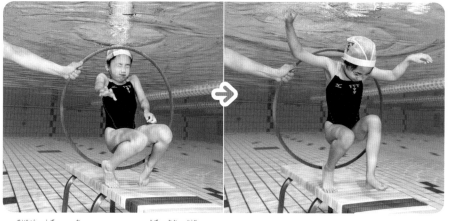

水中に沈めた輪っかをくぐる。水の中で体をコントロールする

⚠️ 気をつけよう

台の下は危険！

子どもがプールを使う場合、水深を浅くするための台が置かれていることがあります。この台の下に入ると抜け出せなかったり、水着がひっかかったりする可能性があり危険です。台の下にはもぐらないようにしましょう。

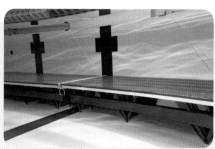

水深を浅くするための台。下にもぐってしまうのは危険！

メモ ゴーグルは25メートルを泳げるようになってから

東京スイミングセンターでは、25メートルを泳げるようになるまではゴーグルをつけません。それは、たとえば川に落ちてしまったなど水泳以外の有事に備え、万が一のときにゴーグルがなくても泳げるようにしたいという考えからです。

16 うまく水に浮けません

▶ やってみよう1 「こんにちは」からの「けのび」

足をついて立った状態から、両手をまっすぐ頭の上に伸ばす。そこから「こんにちは」とおじぎをするように水面に向かって倒れていき、その姿勢のまま水に10秒間ほど浮く

両手を真上に伸ばし、体をまっすぐにして、けのび姿勢をつくる

「こんにちは」とおじぎをするように水面に倒れる

けのび姿勢のままで、10秒程度浮く

Ⓐ けのび姿勢で浮いてみましょう

「けのび」とは壁をけって両手を前に伸ばし、体から足までをまっすぐにして前に進みながら水に浮いている状態のことです。今回は浮くことがメインになるので壁はけりませんが、体をまっすぐにした正しい姿勢で水に浮いてみましょう。

この姿勢で水に浮くことが、水泳におけるすべての動作の基本になります。

✊ ココが大事！

両腕で耳をはさむ

アゴを引いて耳を両腕ではさむように手を伸ばした状態が、正しいけのび姿勢。両腕が耳の後ろにいってしまうと、頭が入りすぎて姿勢が丸くなってしまいます。

○

腕で耳をはさむ

×

腕の間に頭を入れすぎている

🚩 やってみよう2　引き浮き身&押し浮き身

「こんにちは」からの浮き身がうまくできない場合は、大人が補助をしてあげよう。やり方は同じで「こんにちは」で浮いたあと、大人が手を支えて軽く引いてあげたり（引き浮き身）、足を支えて軽く押してあげたり（押し浮き身）して補助をする。

引き浮き身

押し浮き身

水中でうまく
起き上がれません

A 足を引いてから
立ちましょう

手から足まで体をまっすぐ伸ばした浮き身の姿勢から立つには、足を引いてから立つことがポイントです。モモを引き寄せてから足を地面につけて、顔を上げましょう。

その練習になるのが、だるま浮きです。立っている状態からヒザを抱えるようにして水に浮くだけの動作ですが、モモを引き寄せる練習になります。

▶ やってみよう1 だるま浮き

立った状態からモモを引き寄せて、両手でヒザを抱えるようにして水に浮いてみよう。

モモを引き
寄せる

両手でヒザを
抱える

浮き身姿勢から立つときに必要な、モモを引き寄せる動作の練習になる

やってみよう2　浮き身姿勢から立つ

　手足を伸ばした浮き身姿勢から立つには、モモを体に引き寄せてから足を地面につける。そのあとで頭を上げるようにする。

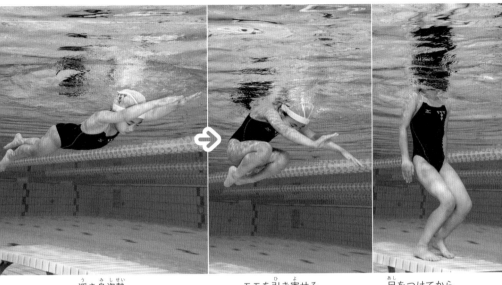

浮き身姿勢　　　　　　　　モモを引き寄せる　　　　　　足をつけてから
　　　　　　　　　　　　　　　　　　　　　　　　　　　顔を上げる

！気をつけよう

顔を先に上げるとうまく立てない

　浮き身姿勢から立とうとして顔を先に上げると、うまく立てずに水を飲んでしまうこともあるので気をつけましょう。

水に浮いてまっすぐ進めません

やってみよう 壁をけって進む

ビート板を持ち、両腕で耳をはさんで顔を水につけた状態からスタート。お尻を高く上げるように床をけって足を持ち上げたら、壁を強くけってけのび姿勢でまっすぐ前に進む。

両腕で耳をはさむようにして顔を水につける

床をけって足を高く上げる

お尻を上げるイメージ

両足で強く壁をける

けのび姿勢でまっすぐ進む

目標は5～7メートルほど進むこと。慣れてきたらビート板なしでもやってみよう

Ⓐ けのびの練習をしましょう

けのびの練習で、浮き身姿勢とまっすぐ進む感覚をつかみましょう。正しいけのび姿勢はQ16でも説明したとおり、両腕で耳をはさむように手を伸ばし、足までをまっすぐにして水に浮いている状態です。これができなければ、次からはじまるキックの練習をしても、足が沈んで前に進まないので、しっかりと身につけておきましょう。

📣 ワンポイントアドバイス 大人が補助をする

壁をけるときに片足でおこなっていたり、足を持ち上げるときにお尻が壁から離れていたりすると、壁を強くけることができずに前へ進みません。壁際でお尻を高く上げることが難しい場合は、大人が補助をして感覚をつかませてあげましょう。

お尻は高く上がっているが、片足で壁をけっている

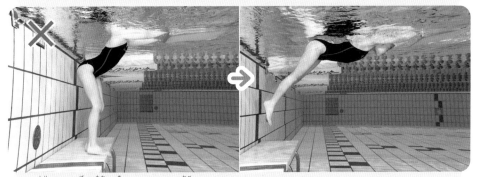

お尻をその場で高く上げられずに、壁をけれていない

Q 19 ひとりで「けのび」がしたいです

やってみよう 床をけって進む

　ビート板を持って顔を水につけた状態から、ヒザをしっかり曲げて床を強くける。けった勢いを使って前に進みながら手やヒザなどをまっすぐに伸ばして、正しい浮き身姿勢をとろう。

ヒザをしっかり曲げる

床を強くける

ヒザを伸ばして、けのび姿勢をとる

正しい姿勢でまっすぐ進む

A 床をけって進みましょう

子どもがひとりでけのびの練習をする場合は、壁のかわりに床をけって進む練習をしてみましょう。

壁をけるけのびは、お尻を高く上げる動作が難しく、感覚をつかむた めには大人の補助があるほうが好ましい練習方法です。床をけってけのびをすれば、水に浮く"浮き身姿勢"や、まっすぐ前へ進む練習などを、ひとりでもやることができます。

ココが大事！

ビート板の正しい使い方

ビート板は、両手をまっすぐ置くようにするのが正しい使い方です。横や手前を手で持ってしまうのは、よくある間違いなので気をつけましょう。

ビート板の横を持っている

ビート板の手前を持っている

Q 20 キックの仕方を教えてください

やってみよう1 腰かけキック

モモから足を動かす

足の甲で水をける

プールサイドに座って両手で体を支えたら、足を交互に動かして水をけっていく。モモから足を動かして、足の甲で水をけって1メートル先に水しぶきを飛ばすイメージ。

(!) 気をつけよう

ヒザを大きく曲げてけらない

ヒザを大きく曲げてけると、水しぶきはたくさん出ますが、泳いだときにはあまり前に進まないので注意します。

Ａ 足の甲で水をとらえましょう

　泳ぎの基本となるクロールのバタ足から覚えていきましょう。ただし、単純に両足を交互に動かせばいいというわけではありません。モモを支点に足を動かして、足の甲で水をける感覚をつかんでください。

　プールサイドに座ってバタ足の練習をするときは、1メートル先くらいに向かって水しぶきを飛ばすイメージを持ちましょう。

🚩 やってみよう2　板ありキック

　腰かけキックで水のけり方を覚えたら、ビート板を持ってキックだけで泳いでみよう。モモから足を動かして、足の甲で水をけるようにすると、より前に進む。

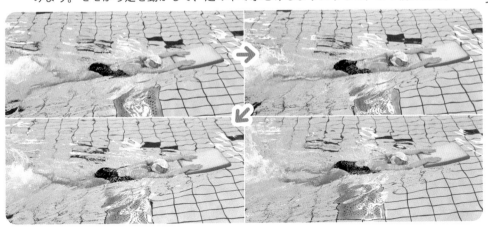

🏋 レベルアップのコツ

板なしキックで泳いでみよう

　板ありキックの次は、ビート板なしでもバタ足の練習をしましょう。モモから動かすキックだけではなく、キレイなのびの姿勢を意識することも大切。

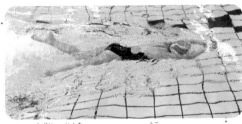

けのび姿勢を意識して、モモから動かすキック

Q 21 クロールの水のかき方を教えてください

A 大きく円を描くように動かします

 ココが大事！ 水中では親指を内側に

右手に注目。水をかきはじめた手はとらえた水をそのまま後ろに持っていくように、親指を内側に向けて水をかいていきます。モモまで水をかいたあとは、大きく円を描くように上から戻して頭の先へと持っていきましょう。

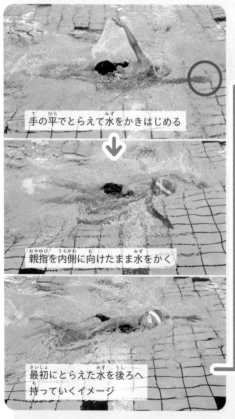

手の平でとらえて水をかきはじめる

親指を内側に向けたまま水をかく

最初にとらえた水を後ろへ持っていくイメージ

水をかいた手は大きく円を描くように戻す

クロールは、肩から腕を動かして円を描くように大きく水をかいていきます。手が頭の先で水をとらえたら、手のひらが内側を向かないように親指を内側に向けたままで水をかいていきます。

最初にとらえた水を、そのまま後ろへ持っていくようなイメージです。この動作を左右対称におこなっていきましょう。

⚠ 気をつけよう

手で水面をなでない

ヒジを後ろに引くように動かすと、手の平が水面をなでるかたちになり、水をかけないので注意しましょう。

⚑ やってみよう1　歩行プル

水をかく（＝プル）の練習は、いきなり泳いでおこなわずに、まずは水の中で立った状態で練習する。円を描くように腕を回して前に戻し、親指を内側に向けてとらえた水を後ろに持っていく。

円を描くように手を前に戻す

親指を内側に向け、親指でモモをタッチ

手の平で水をとらえる

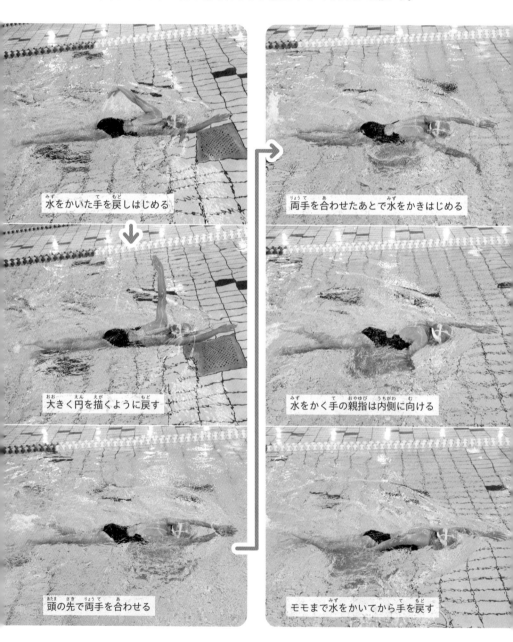

やってみよう2 キャッチアップクロール

水をかいた手を戻したときに、頭の先で両手を合わせてから逆の手で水をかきはじめる。足はキックを打ち続けたまま、腕はゆっくり大きく動かす。

水をかいた手を戻しはじめる

両手を合わせたあとで水をかきはじめる

大きく円を描くように戻す

水をかく手の親指は内側に向ける

頭の先で両手を合わせる

モモまで水をかいてから手を戻す

⚠ 気をつけよう

手は横からかかない

　手を横からかいて横から戻すと、前に進むための動きにつながりません。手は必ず下へと水をかいていって、上から大きく戻しましょう。

手が下ではなく横に向かっている

横にかいてしまうと前へ進む力にならない

📖 知ってる? 最初はクロールから覚える

　水泳にはクロール、背泳ぎ、平泳ぎ、バタフライの４つの泳ぎ方がありますが、日本だけではなく海外でも最初に覚えるのはクロールです。それくらいクロールは基本となる泳ぎなんですね。

Q 22 泳ぐと息つぎが うまくできません

A バタ足を止めない 息つぎ練習をしましょう

泳ぐためには、ここまでに練習してきた手の動きと足の動き、そして息つぎを同時におこなわないといけません。そこで、まずは手を動かさずにバタ足と息つぎを同時にできるようにしていきましょう。

また、片手横向き呼吸を練習する場合は、できるだけ頭を水の中に入れた状態で、顔だけ出して呼吸をすることも意識してみてください。頭が出すぎていると、頭の重さに体が引っ張られてしまうからです。

▶ やってみよう1 板キック＋息つぎ

ビート板を持ってバタ足で前に進みながら、水中で「ブクブク」と鼻で息を吐いたら、正面に顔を上げて「パッ」と口で息を吸う。これをくり返していく。息つぎの間もバタ足を打ち続けることが大切。

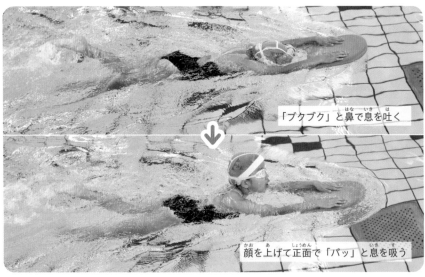

「ブクブク」と鼻で息を吐く

顔を上げて正面で「パッ」と息を吸う

▶ やってみよう2　片手横向き呼吸キック

　実際のクロールに近いかたちの息つぎ。片手はビート板を持ち、もう一方の手は体の横につけたままでバタ足をする。水中で「ブクブク」と鼻で息を吐いたら、横に向けて顔を出して「パッ」と口で息つぎ。

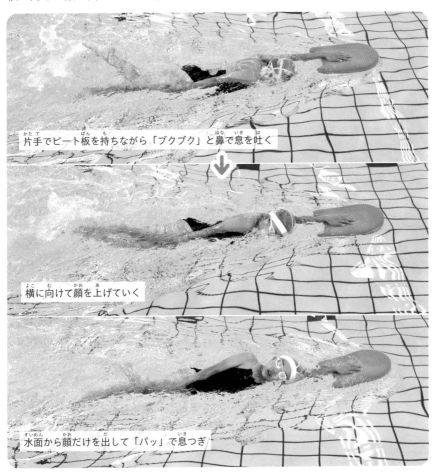

片手でビート板を持ちながら「ブクブク」と鼻で息を吐く

横に向けて顔を上げていく

水面から顔だけを出して「パッ」で息つぎ

📢 ワンポイントアドバイス　斜め上で息つぎしてもいい

　横を向いての息つぎが難しければ、斜め上まで顔を向けて息つぎをしても大丈夫です。また、顔が上がったときにバタ足を止めてしまいがちなので、注意しましょう。

第2章　泳ぎの基本を身につけよう

51

Q 23 クロールで 泳いでみたいです

やってみよう 息を吐く手と吸う手を分ける

ビート板を持ってバタ足をしながら、左手で水をかいているときに息を吐き、右手でかいているときに息を吸うといったように、息を吐く手と吸う手を分けてゆっくり息つぎをする。

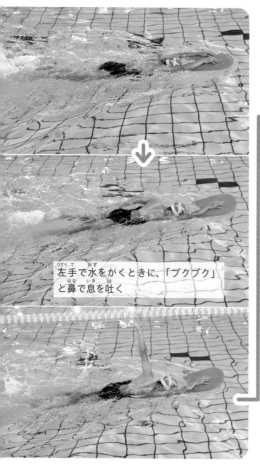

左手で水をかくときに、「ブクブク」と鼻で息を吐く

手をモモまでかききったタイミングで「パッ」と口で息つぎ

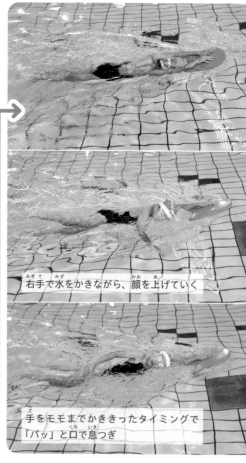

右手で水をかきながら、顔を上げていく

A やってきたことを足していきましょう

バタ足と息つぎが同時にできたら、次はそこに手の動きを足してみましょう。

最初は片方の手で水をかいているときに息を吐いて、もう片方の手でかいているときに息を吸うといったように、ゆっくり息つぎをしていってください。慣れてきたら片方の手で水をかいている間に息つぎができるようにしていきましょう。

レベルアップのコツ

片方の手で「ブクブク、パッ」

泳ぎながら息つぎをすることに慣れたら、片方の手で水をかいている間に「ブクブク、パッ」と息つぎができるようにしていきましょう。息つぎを10回から15回くらいはさみながら、25メートルをクロールで泳げるようになるのが最初の目標です。

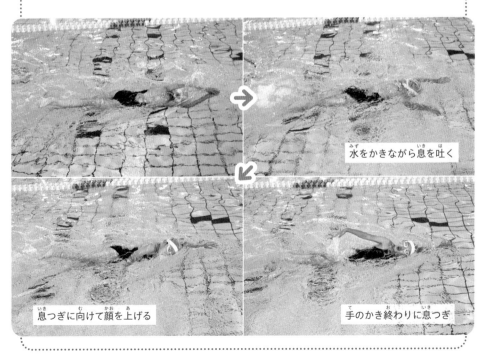

水をかきながら息を吐く

息つぎに向けて顔を上げる

手のかき終わりに息つぎ

Q 24 クロールで長く泳ぎたいです

A 呼吸やプルを変えましょう

クロールでより長く泳ぐためには、左右両方で呼吸をしたり、プルで水をかくタイミングを変えたりしていくことが必要になります。

水をかくタイミングは少し早める。つまり頭の前で手を合わせてから水をかきはじめるキャッチアップクロールではなく、手を合わせる前にもう一方の手で水をかきはじめるようにします。

よりスムーズに、泳ぐことができます。

やってみよう1 左右呼吸

3回に1回や、5回に1回、水をかくたびに呼吸をすることで、左右交互に呼吸をする練習になる。左右で呼吸することで、どちらの呼吸時にも同じ体の使い方ができるようになるなど、今後の泳ぎにもいい影響がある。

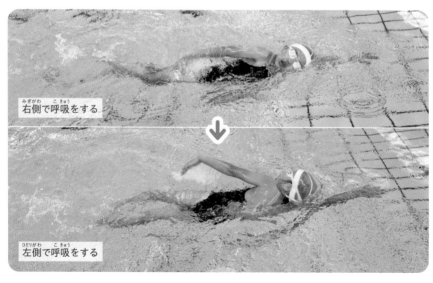

右側で呼吸をする

左側で呼吸をする

 こちらもチェック → P48 キャッチアップクロール

　両手を合わせるキャッチアップクロールとは違い、戻した手が合わさる前に次の手で水をかきはじめる。手を合わせないことでかきはじめから力を入れられるので、より前へ進むようになる。

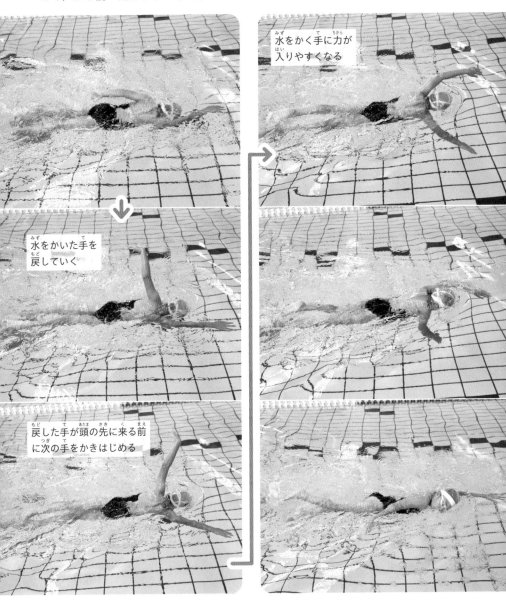

水をかく手に力が
入りやすくなる

水をかいた手を
戻していく

戻した手が頭の先に来る前
に次の手をかきはじめる

コラム❷

水泳が得意なみなさんへ

　水泳が得意なみなさんがよく陥るのが、泳ぎ方やテクニック（＝泳法）を身につけることばかりに力を入れてしまうことです。

　テクニックを身につけるのは決して悪いことではないのですが、そればかりになるといずれはタイムが伸びなくなってしまいます。水泳は決められた距離を決められた泳ぎ方で泳ぐ競技なので、基本的には同じ動作のくり返しになります。

　そこで大事になるのが体力です。泳ぎ続けられる体力（＝泳力）を泳法と同時に身につけていくことが大事になります。見落とされがちな泳力ですが、体力がつくことで自分の中で余裕ができて、泳ぎ方のここに気をつけようと思えたり、泳いでいる最中に脚が止まっているなと気づけたりするなど、泳法の向上にもつながっていきます。

　泳法がよくなれば泳力も身につきやすいですし、泳力が高ければ泳法も整いやすい。どちらか一方だけを伸ばそうとするのではなく、両方を伸ばしていくことが、速く泳げるようになるためには大切なのです。

泳ぐための体力がつけば、自分の泳ぎ方に気づく余裕も生まれる

いろいろな泳ぎに挑戦しよう

4泳法を泳ぐのを目標にしましょう

クロール以外も泳いでみたい

背泳ぎについて

Q25 クロール以外も泳いでみたいです

A 背泳ぎに挑戦してみましょう

水面に対してうつ伏せか、仰向けかという違いはありますが、次はクロールと同じバタ足を使う泳ぎ方である、背泳ぎを習得します。まずはキックの仕方を身につけて、そのあとに手の動きを加えてください。

背泳ぎキックのポイントは、足首の力を抜いて柔らかく使い、斜め45度後方に水をけり出すイメージを持つことです。

🚩 **やってみよう1　ビート板お腹**

ラッコのように仰向けになってビート板をお腹に抱え、バタ足で進む。キックは足首を柔らかく使い、足の甲で斜め45度後方に水をけり出すイメージ。

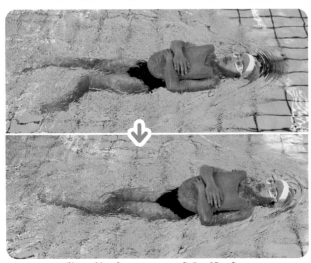

ビート板をお腹に当てることで、無理に顔を上げようとしてお尻が沈むのを防げる

ココが大事！

ゆっくり鼻から息を吐く

仰向けの背泳ぎの場合、水が直接顔にかかって鼻に入りやすいです。そこで、目と目の間から「んー」と声を出すようなイメージで、少しずつ鼻から息を吐き続けましょう。水が入るのを防げます。

▶ やってみよう2 ビート板けのび

　頭上でビート板を持った仰向けのけのび姿勢から、キックのみで進む。足先だけでけらずに、モモから上に動かして足首を柔らかく使うことで、しなりのあるキックを身につける。

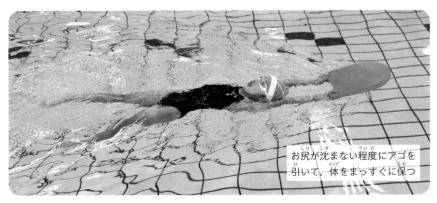

お尻が沈まない程度にアゴを引いて、体をまっすぐに保つ

▶ やってみよう3 けのび姿勢でキック

　仰向けのけのび姿勢からバタ足で進んでいく。体をまっすぐにした浮き身を保ちながらも、キックの大きさを左右で同じにして、一定のリズムになるようにける。

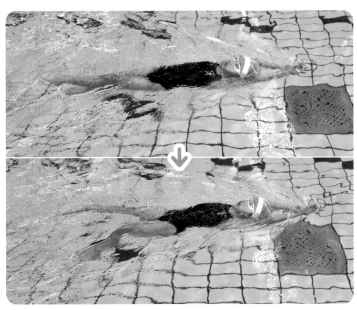

体に力が入りやすいため、姿勢が悪くなって体が沈まないように注意

Q 26 背泳ぎの水のかき方は？

A 体の横を交互にかきます

　仰向けのけのび姿勢から、バタ足で進めるようになったら、そこに手の動きをつけていけば背泳ぎになります。

　よくある間違いとして、体の真後ろを手でかいてしまうケースがありますが、水をかくのは体の横です。手が顔の正面を通るように上から戻したら、体の横の水を後方へとかくイメージで進んでいきましょう。

★ やってみよう1　気をつけ背泳ぎ

　気をつけの姿勢でバタ足をしながら、片手を水の上から頭上に戻して体の横をかく、という動作を左右交互におこなう。手で水をかいている間、もう片方の手は気をつけのままにしておく。

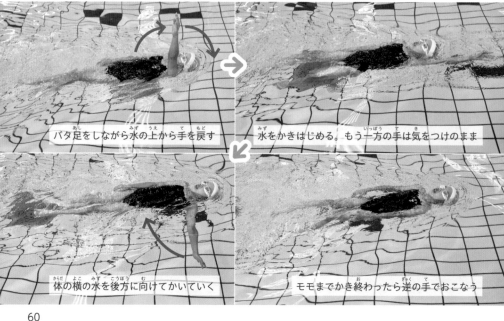

バタ足をしながら水の上から手を戻す

水をかきはじめる。もう一方の手は気をつけのまま

体の横の水を後方に向けてかいていく

モモまでかき終わったら逆の手でおこなう

手の動かし方がわかったら、バタ足をしながら手を同時に動かしていく。片方の手で水をかきながら、もう片方の手は水の上から戻す動作を一緒におこなっていこう。

片手で水をかきながら、もう片方の手は上から戻す

☝ ココが大事！　体の横をかく

水を下に押せば体が浮くため、体の後ろで水をかいてしまう間違いは多いです。それでは体が上下して前に進みません。背泳ぎでは体の横から後方に向かって水をかきましょう。

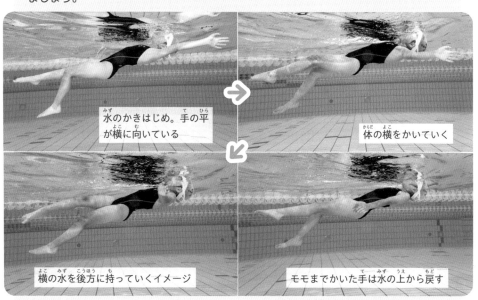

水のかきはじめ。手の平が横に向いている

体の横をかいていく

横の水を後方に持っていくイメージ

モモまでかいた手は水の上から戻す

Q 27 背泳ぎがうまく進みません

A 泳ぎ方を確認してみましょう

前のページまでにお伝えした、正しいフォームで泳げているでしょうか。よくある間違いを紹介しますので、自分の泳ぎを確認してください。プールサイドの壁を使い、手の動きをイメージするのもおすすめです。

！ 気をつけよう

自転車こぎキック

背泳ぎのキックはモモから動かして足首を柔らかく使い、足の甲で水を45度後方にけり出すイメージ。ヒザが大きく曲がり、自転車をこぐように足の裏で水をけってしまうとあまり進みません。

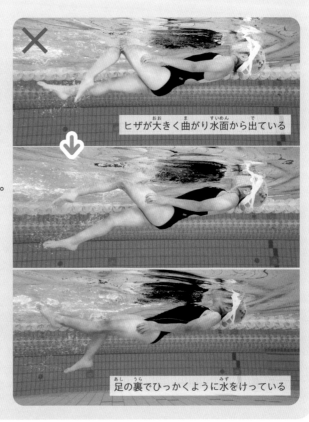

✕

⬇

ヒザが大きく曲がり水面から出ている

足の裏でひっかくように水をけっている

気をつけよう

体の後ろを かかない

体の後ろをかいてしまうのも悪い例。水を下に押しているため体は浮きやすくなりますが、体が上下してあまり進みません。背泳ぎではしっかりと体の横をかくイメージが大切です。

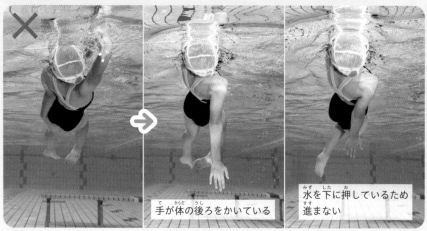

手が体の後ろをかいている

水を下に押しているため
進まない

やってみよう

プルのイメージ

壁に背をつけて、背泳ぎのイメージで手を動かしていこう。壁があるため、手が後ろにいかずに体の横をかくイメージを持ちやすい。

壁に背をつけて片手を上げる

体の横をかくようにして手を下へ

モモまでかいたら逆の手でおこなう

Q 28 平泳ぎを教えてください

A 最初にキックを覚えましょう

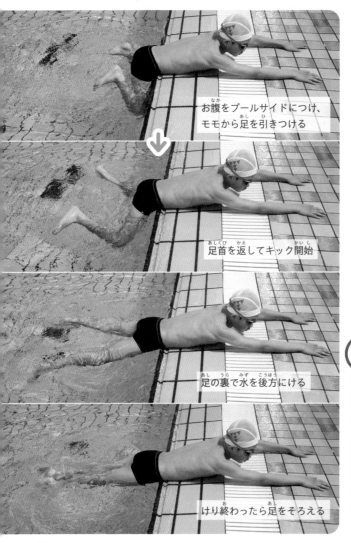

お腹をプールサイドにつけ、モモから足を引きつける

足首を返してキック開始

足の裏で水を後方にける

けり終わったら足をそろえる

やってみよう1

腹ばいキック

お腹をプールサイドにつけて、両手を前に伸ばす。モモが壁につくぐらい足を引きつけ、足の裏を後ろに向けるように足首を返したら、足の裏で水を後方にけるイメージでキック。

レベルアップのコツ

背中をまっすぐに

背中が丸まってしまうと、お尻が下がって沈んでしまいます。背中から手は進行方向に向けて伸ばしたままキックの練習をします。

平泳ぎは４つの泳ぎ方の中でも難しい泳ぎ方で、とくにキックが大事なポイントです。

平泳ぎのキックでは、しっかりとモモから足を引きつけ、足首を返して足の裏で水を後方にけり出すことを意識しましょう。

腹ばいキックなどの練習で、平泳ぎのキックの仕方を覚えていってください。

やってみよう2

ビート板キック

ビート板を両手で上から押さえるように持ち、顔は水の中で下を向く。キックをして気をつけの姿勢で２〜３秒間伸びる。顔を上げて息つぎをしたら次のキックへ。キック１回ごとにけのび姿勢をとらないと脚が沈むので注意。

ココが大事！

しっかりと伸びる時間が必要

クロールや背泳ぎのようにバタ足で常に足を動かしていた泳ぎ方とは違い、平泳ぎはキックのあとに体を伸ばして進みます。足を止めて、けのび姿勢で進む感覚を身につけましょう。

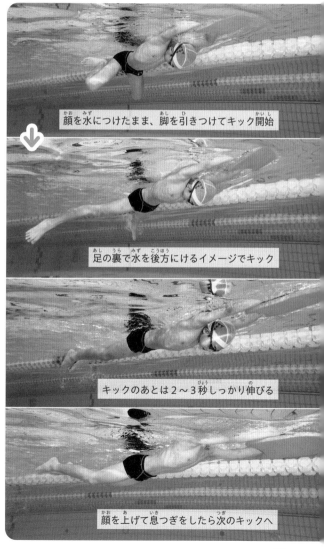

顔を水につけたまま、脚を引きつけてキック開始

足の裏で水を後方にけるイメージでキック

キックのあとは２〜３秒しっかり伸びる

顔を上げて息つぎをしたら次のキックへ

Q 29 手の動きを教えてください

A 横からかいて のど元にかき込みましょう

やってみよう

歩行プル

立った状態で、手でかいて進む。手を合わせて前に伸ばしたら、体の遠い位置から手の平を外側に向けて横に広げていく。体の横まで水をかいたあとは、のど元へ水をかき込むようにしよう。

両手を合わせて前へ

遠い位置からかきはじめる

手の平を外側に向けて横へ

体の横くらいまでかく

のど元にかき込むように内側へ

平泳ぎの水のかき方はまず、両手をそろえて前方に伸ばし、体の遠くから水をかきはじめます。そして、手を横に広げてから、のど元へ水をかき込むイメージで動かしていきましょう。

Q28で紹介したキックに手の動かし方を加えれば平泳ぎになりますが、手と足を動かすタイミングには注意してください。

☝ ココが大事！ 手と足のタイミング

手を前に伸ばしたままキックで進み、足がそろったタイミングで手を横へ広げはじめます。横までかいたらのど元に向かって水をかき込み、顔を上げて息つぎ。手を伸ばして顔を水の中に入れたら次のキックをします。

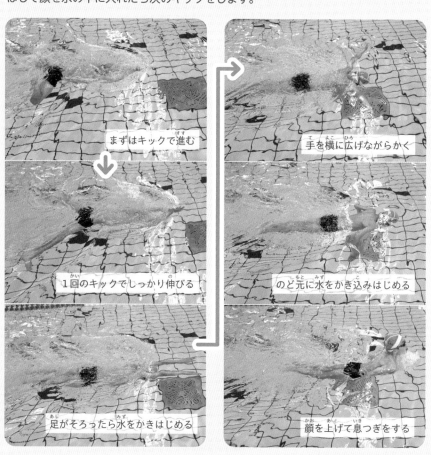

まずはキックで進む

1回のキックでしっかり伸びる

足がそろったら水をかきはじめる

手を横に広げながらかく

のど元に水をかき込みはじめる

顔を上げて息つぎをする

Q 30 平泳ぎがうまく進みません

A 足の動きを確認しましょう

平泳ぎがあまり進まない場合、キックのときに間違った足の使い方をしていることが多くあります。モモから脚を引きつける動きや、足首を返して足の裏で水を後方にける動作など、正しくできているか確認してみましょう。

また、手と足のタイミングについては、別々に動かすくらいの感覚でいいと覚えておいてください。

! 気をつけよう

足首を返していない

脚をモモから引きつけても、足首を返さなければ足の裏を使って水を後方にけり出すことができません。足首を返していない状態では、足の甲で水をけるバタフライキックのようになってしまうので注意しましょう。

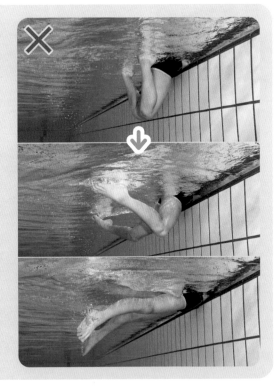

足首を返していないと、足の甲で水をけるようなキックになってしまう

⚠ 気をつけよう

脚の引きつけすぎ

　モモをお腹のあたりまで引きつけてしまうと、背中が丸まったり、腰が落ちたりして水の中に沈んでうまく進みません。

モモがお腹につくくらいまで引きつけてしまっている

☝ ココが大事！　手と足は同時に動かさない

　キックでけったあとはしっかりとけのび姿勢で進み、足がそろってから水をかくようにしましょう。手と足を同時に動かすのは、よくある間違いなので注意します。

キックで水をけるのと同時に、手も水をかきはじめてしまっている

Q 31 バタフライを教えてください

A キックと呼吸のタイミングが大切です

バタフライはキック2回の間に水を1回かく、2キック1ストロークが基本になります。はじめにおこなうキック練習の段階で手は動かしませんが、キックと呼吸のタイミングを意識しながら、しっかりとキックが打てるようにしていきましょう。

キックは両足をそろえた状態からおへそから下を使って、水をけり下ろすようにしてみてください。

腹ばい状態から両足をそろえてヒザを曲げる

おへそから下を使って両足を同時にけり下ろす

水を下へ押し込むように、両ヒザが伸びるまでける

🚩 やってみよう1

腹ばいキック

両手を前に伸ばし、プールサイドに上半身をつけた状態から、両足をそろえてけり下ろす。水面をたたくのではなく、水中にある水のかたまりを下へ押し込むようなイメージ。両ヒザが伸びるまでけろう。

🚩 やってみよう2　ビート板キック

ビート板は両手をのせて上から押さえる。顔は下向きのまま腕やお腹を伸ばして、おへそから下を動かすイメージでキックを打っていく。キック時に頭を上下に動かして反動をつけると力が伝わらない。

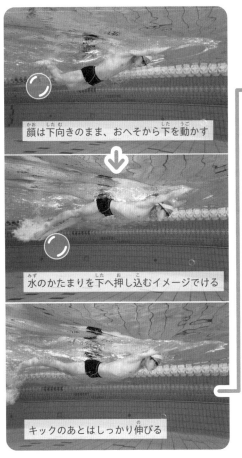

顔は下向きのまま、おへそから下を動かす

⬇

水のかたまりを下へ押し込むイメージでける

キックのあとはしっかり伸びる

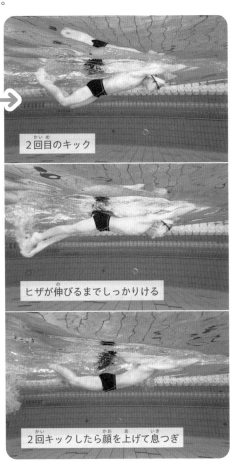

2回目のキック

ヒザが伸びるまでしっかりける

2回キックしたら顔を上げて息つぎ

📢 ワンポイントアドバイス　練習は4回キックで息つぎ

初心者のうちはキック2回ごとに呼吸をはさむとリズムが忙しくキックが弱くなってしまいます。練習では4回目のキックに合わせて呼吸をする「1、2、3、パッ（4）」のリズムを大事にしましょう。4回目のキックで息つぎしたあと、次の1回目のキックに合わせて頭を入れます。

Q 32 バタフライの水のかき方は?

A 両手でかいて横から戻します

やってみよう プルの動きを確認

両手同時に肩幅で動かし、水を後方へとかいていく。かき終わりでも手の平は後方に向ける。手を戻すときは甲を前へ向け、水の上で横から戻す。体の反動を使わず、腕でこめかみをはさむようなイメージで動かす。

両手をそろえて水をかきはじめる

肩幅で手を後ろに動かしていく

手の平も後方へ向ける

手の甲を前に向けて横から戻す

戻すときも両手は同時に

腕でこめかみをはさむイメージ

バタフライは、両手で同時に後方へと水をかいていきます。このとき手は肩幅で動かし、手の平は後方へ向けます。また、最初からモモまでかいてしまうと手を戻せなくなるので、腰のあたりまでかきましょう。

手を戻すときは、水の上で横から戻します。上から大きく戻そうとすると、肩の関節がひっかかってしまい、スムーズに手を動かせません。

✌ ココが大事！ 1回目のキックで伸びる

バタフライでは2回目のキックに合わせてプルの動作をおこない、息つぎへとつなげていきます。1回目のキックのあと、1メートルくらい水中で伸びると姿勢が安定して、プルの動作と息つぎがしやすくなります。

1回目のキック

キックのあと、しっかり伸びる

2回目のキックに合わせてプル

プルの動作から息つぎにつなげる

息つぎをして次のキックへ

バタフライについて

Q 33 バタフライがうまく進みません

A 手の動きを確認してみましょう

　バタフライが進まない要因として考えられるのは、腕を大きく上から戻してしまう、または手をモモまでかいたために頭が深く入り込んでしまうことです。

　手をモモまでかくこと自体は間違いではありませんが、初心者の場合は水をかく手を腰くらいまでに止めて手を戻したほうが、プルの動きがスムーズになります。

⚠ 気をつけよう

手を上から戻すとひっかかる

　プルのあと、手を上から戻そうとすると、肩関節のつくりから手の平を前に向けなければならず、ひっかかるような動きになってしまいます。手を戻すときは手の甲を前に向けて横からおこないましょう。

✕

水のかき終わり

➡ 大きく上から戻っている

手の平を前に向けるため、ひっかかる

子どもはモモまで
かかない

　子どもがモモまで水を
かいてしまうと、体を支
えられずに泳ぎが不安定
になることも……。最
初のうちは腰くらいまで
水をかいて、横に水を逃
がすイメージで手を横か
ら戻しましょう。

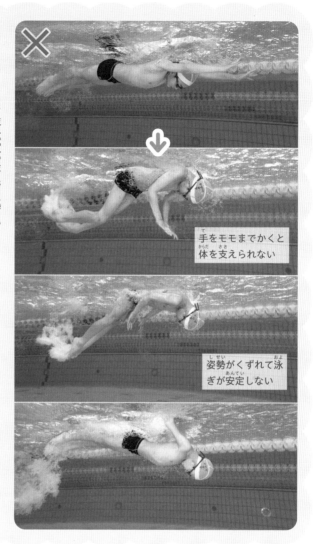

手をモモまでかくと
体を支えられない

姿勢がくずれて泳
ぎが安定しない

レベルアップのコツ

"ドーン、ドンッ"のリズム

　バタフライは、1回目のキックで"ドーン"としっかり伸びて、2回目のキック
を"ドンッ"と打って息つぎをするというリズムが大切。手と足のタイミングを大
事にしましょう。

Q 34 ターンを教えてください

A タッチターンから覚えましょう

片手タッチターン

クロールや背泳ぎなどで使われるターン。片手で壁にタッチしたのと同時に両足を引きつけ、頭と腰の位置を入れ替えながら両足が壁についたら、壁をけってけのびをする。

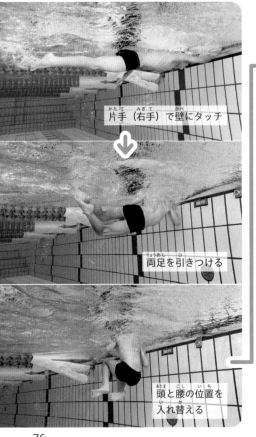

片手（右手）で壁にタッチ

両足を引きつける

頭と腰の位置を入れ替える

タッチとは逆の手（左手）は後方に残しておいて伸ばす

両足で壁をけってけのび

メモ ターン時に立たない

25メートルプールで50メートルを泳ぐ場合、ターン時に立ってしまうと25メートルを2回泳いだことになり、50メートルを続けて泳いだことにはなりません。

ターンには片手と両手のタッチターンと、水中で1回転するフリップターンの3種類があります。上達してくればタッチターンを使わなくなる種目もありますが、はじめは全部をできるようにしていきましょう。

また、タッチしてからけのびで伸びるまでがターン動作なので、泳いできた勢いを維持できるようにしてください。

両手タッチターン

平泳ぎやバタフライで使われるターン。基本的には片手タッチターンと同じ動作だが、両手の場合はタッチしたあとに片方の手をたたんで、体の前を通しながら進行方向に伸ばしていく。

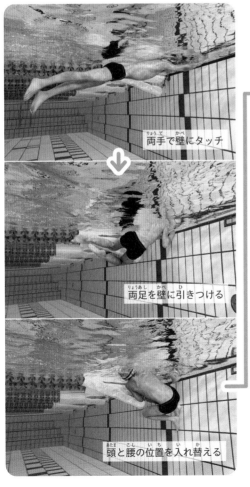

両手で壁にタッチ

両足を壁に引きつける

頭と腰の位置を入れ替える

左手を体の前に通しながら伸ばしていく

両足でしっかり壁をける

勢いをつけて、けのび

水中前回り

フリップターンの練習。水中に頭を入れて体を丸めたら、体をねじらずに縦に1回転しよう。このとき、鼻に水が入らないよう鼻から息を出しながらおこなう。

左右にブレないよう、体を縦に1回転させる

フリップターン

タッチターンより速く折り返しができるターン。その場で1回転するのではなく、泳いできた勢いを使い足が頭を追い越すイメージで回転し、足で壁をタッチしてけのびに移る。上達してくればクロール（自由形）と背泳ぎで使われる。

スピードを落とさずターンへ

体をねじらずに縦に回転

両足で壁をタッチしてける

クロールの場合はけったあとに体をねじる

クロールの場合は壁をけったあとに体をねじって下向きに。背泳ぎの場合は直前に下向きになってからおこなう

Q35 ターンでスピードが落ちてしまいます

A 頭を大きく上げず水の抵抗を減らしましょう

タッチターンの切り返しで頭を大きく上げてしまうと、反動で大きく体が沈んでから壁をけることになります。

頭と腰の高さはあまり変えずに切り返すことを心がけましょう。

タッチ後に頭を大きく上げてしまうとスピードが落ちる

ココが大事！

足は投げ出すイメージ

フリップターンを練習しはじめのころは、足が壁に届かないことも多いです。足は頭を追い越し、壁に対して投げ出すくらいのイメージで回転しましょう。また、慣れてきたら体をひねる動作を回転中におこなってもいいですが、最初はキレイに縦に回ってけったあとに体をねじりましょう。

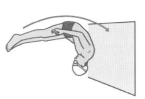

Q36 4泳法が泳げるようになったら?

A 個人メドレーに挑戦してみましょう

個人メドレーを泳ぐことは、4種目が泳げているという証明にもなるので、水泳をはじめた人にとって一つの目標になります。

個人メドレーは水泳の中では花形種目で、国際大会では最初の決勝種目になることも多く、東京オリンピックでは大橋悠依選手が金メダルを獲得するなど、日本人の得意な種目でもあります。

泳ぐ順番とターン

小学生の個人メドレーは100メートルと200メートルの2種目。いずれも、バタフライ→背泳ぎ→平泳ぎ→クロールの順番で泳ぐ。また、短水路(25メートル)のため100メートルで3つ、200メートルは7つのターンが出てくる。

ワンポイントアドバイス

個人メドレーまでは2年から4年くらい

習いはじめた年齢にもよりますが、個人メドレーが泳げるようになるまでは早くて2〜3年、ゆっくりだと4年くらい。それぞれのペースで上達していきましょう。

100メートル→3つのターン

25m	バタフライ	→	背泳ぎ 両手タッチターン+上向きけのび
50m	背泳ぎ	→	平泳ぎ 片手タッチターン+下向きけのび
75m	平泳ぎ	→	クロール 両手タッチターン+下向きけのび

200メートル→7つのターン

25m	バタフライ	→	バタフライ 両手タッチターン+下向きけのび
50m	バタフライ	→	背泳ぎ 両手タッチターン+上向きけのび
75m	背泳ぎ	→	背泳ぎ フリップターン+上向きけのび
100m	背泳ぎ	→	平泳ぎ フリップターン+下向きけのび
125m	平泳ぎ	→	平泳ぎ 両手タッチターン+下向きけのび
150m	平泳ぎ	→	クロール 両手タッチターン+下向きけのび
175m	クロール	→	クロール フリップターン+下向きけのび

第4章
クセを直して泳ぎをよくしよう

へんなクセが
ついてないかな？
泳ぎをよくしていこう

もっと上手に
泳げるように
がんばります！

Q 37 息つぎが苦手です

A 大きな泳ぎで練習しましょう

🚩 やってみよう 6キック1ストローク

けのび姿勢のまま手は動かさずに4回キックをしたら、5回目のキックでプル動作。6回目のキックでかいた手がモモをタッチして息つぎをする。慣れたら6回目のキックの間だけでプルと息つぎをしよう。

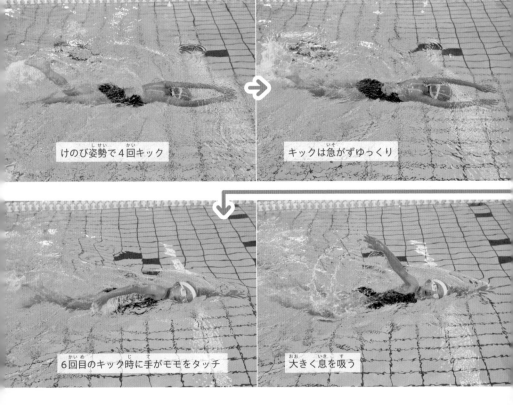

けのび姿勢で4回キック

キックは急がずゆっくり

6回目のキック時に手がモモをタッチ

大きく息を吸う

息つぎで大きく息を吸えず、呼吸が浅いと苦しくなって長い距離を泳げないなどの問題がでてきます。

呼吸を改善するための練習方法としては、ゆっくり大きく泳いで息つぎの仕方を身につけていくことがおすすめです。

1回の息つぎで、たくさん吐いて、たくさん吸う方法を身につけていきましょう。

知ってる?シックスビート

クロールでは6回のキックの間に左右の手が1回ずつ水をかく、「シックスビート」の動きが一般的です。広く使われるリズムなので覚えておきましょう。

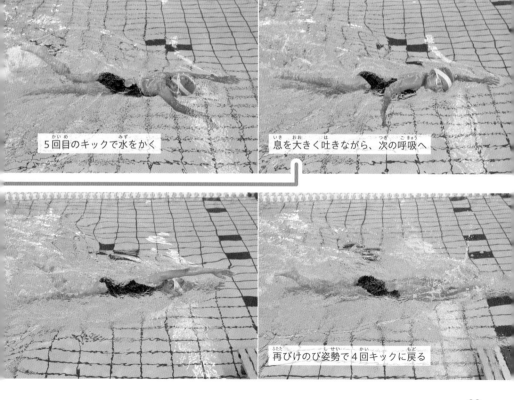

5回目のキックで水をかく

息を大きく吐きながら、次の呼吸へ

再びけのび姿勢で4回キックに戻る

Q 38 キックであまり進みません

A しなるキックを 身につけましょう

正しいキックができているかを確認するため、サイドキックで横向きのバタ足をしてみましょう。このとき、ヒザが大きく曲がるキックをしているとなかなか前に進みません。

ヒザから曲がることなく、モモから足までをムチのようにしならせるキックを、サイドキックの練習で身につけましょう。足の甲に長く水が当たる感覚が大切です。

！ 気をつけよう

ヒザが大きく 曲がっている

ヒザが大きく曲がったバタ足は足の甲で水をけれていません。お尻も下がってしまうためあまり進まないので気をつけましょう。

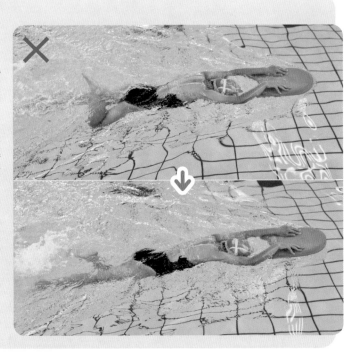

やってみよう サイドキック

横を向き、下側の手をビート板にのせたままでバタ足をして進んでいく。ヒザから曲げるのではなく、モモから動かすことでヒザや足首が連動して足先までムチのようにしなるイメージでける。

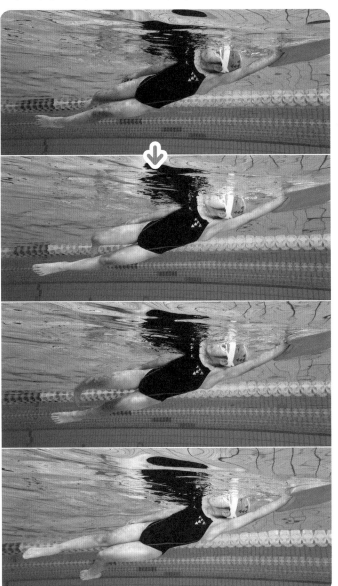

右足に注目。ヒザを大きく曲げない

モモから動かしてキックをしていく

ヒザや足首が連動して、しなるイメージ

足の甲に長く水が当たる感覚を得よう

Q39 呼吸は片側だけで いいですか?

A 両方できると 大きな泳ぎができます

やってみよう ハイポ3

ハイポ3とは、水を3回かくごとに呼吸をするという意味。3や5など、奇数に設定することで息つぎをする向きが左右交互になる。息つぎだけではなく、手の動きも左右大きく動かすことを意識する。

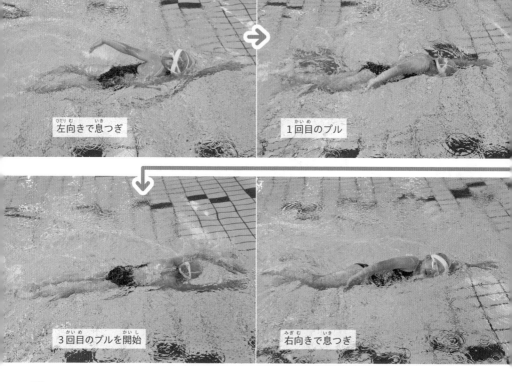

左向きで息つぎ

1回目のプル

3回目のプルを開始

右向きで息つぎ

息つぎに慣れるまでは得意なほうだけの呼吸で構いません。ですが、左右どちらでも呼吸ができたほうが、手の動きも左右同じになって大きく速く泳ぐことにつながります。

　水泳ではよく取り入れられる、ハイポ（Hyp）という呼吸回数を指定する練習に取り組むことで、左右両方で息つぎができるようにしていきましょう。

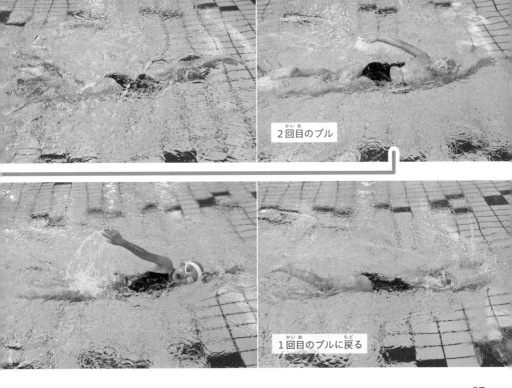

2回目のプル

1回目のプルに戻る

Q40 長い距離を泳ぐのが苦手です

A 短距離と長距離の泳ぎ方の違いを知りましょう

短距離のクロール

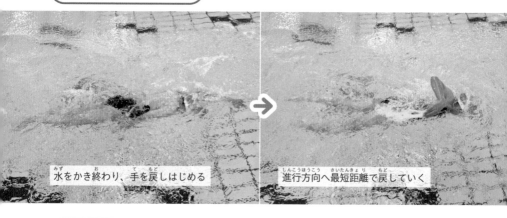

水をかき終わり、手を戻しはじめる

進行方向へ最短距離で戻していく

長距離のクロール

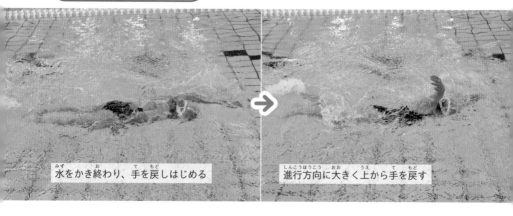

水をかき終わり、手を戻しはじめる

進行方向に大きく上から手を戻す

競技として一番短い50メートルがある一方で、一番長い1500メートル種目もあるのがクロール（自由形）です。50メートルと1500メートルでは泳ぎ方も違ってきます。

速く手足を動かす短距離に比べて、長距離は大きな泳ぎが基本です。短距離の泳ぎ方で長く泳ごうとするのではなく、泳ぎ方が違うと覚えておいてください。

 レベルアップのコツ

長距離ではキックの回数を少なめに

　短距離のクロールは、細かく速く打つキックをするとスピードが出ます。長距離のクロールは、ける回数を少なめにして手とのバランスを重視したキックをおこなうといいでしょう。

手が戻りきる前に逆の手でかきはじめる

速いリズムでスピードを出す

手が戻る直前に逆の手でかきはじめる

大きな泳ぎで長い距離を泳ぐ

Q41 鼻から水が入ってしまいます

A 呼吸法と姿勢を見直しましょう

鼻から息を吸ったり体が沈んだりすると、背泳ぎの最中に鼻から水が入ってくることがあります。

理想としては、頭は水の中に入っていながら顔の周辺だけが水から出ている状態で、呼吸は口から吸って鼻から吐きましょう。改善のためには、右手でかいたときに吸って、左手でかいたときに吐くなど、泳ぎと結びつけることもおすすめです。

☝ ココが大事！ 顔の周辺だけ水から出す

頭から足までをまっすぐに保ちながらも、顔の周辺だけは水から出ている状態が理想。頭の大部分が水面から出ていると体が沈んでいきやすいです。

頭は水の中で、顔だけ水面から出す

こちらもチェック⇨ Q12（P28～29）を参考に息つぎができているか確認してみよう

⚠ 気をつけよう

顔を上げすぎない

　息つぎばかりを意識して顔を上げすぎると、体は逆に沈んでしまう。進みにくくなるので注意しましょう。

❌ 水上

❌ 水中

顔を上げるほど体は沈んでしまい、泳ぎが進まなくなる

🚩 やってみよう

上向きボビング

　水の中で立って頭も顔ももぐったら顔を水面へと向ける。水中では鼻から息を出して、顔を出したら「パッ」と口で息を吸う。

水中で鼻から息を吐き、顔を出して口で息を吸う

コースロープやプールサイドなどをつかんでおこなってもいい

第4章

クセを直して泳ぎをよくしよう

Q 42 足が沈んでしまいます

A 体が反っていないか確認しましょう

水中で体をまっすぐな状態に保てず、段々と足が沈んでいってしまう場合、体が反っていることが原因として考えられます。

水の中で上を向くのが怖かったり、足の甲でのキックができていなかったりすると体が反ってしまうことが多いので、体をまっすぐにした状態で、正しいキックを打てるように練習していきましょう。

⚠ 気をつけよう

体を反らない

体が反ると足が沈み、モモが固定されてキックが打てなくなります。

✕ 水上

✕ 水中

仰向けの状態から両手でビート板を持ち、モモにビート板を当てながらバタ足をする。足先だけのキックで沈まないように、モモをビート板に当てて持ち上げる意識を持とう。

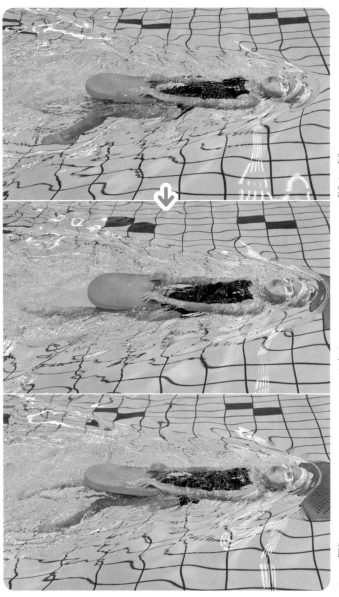

体をまっすぐにしてモモの位置でビート板を持つ

上向きでバタ足をして、ビート板にモモを当てる

胸を張るだけではなく、首や背中もしっかり伸ばす

93

Q 43 お尻が沈んでしまいます

A 体が伸びる時間を つくりましょう

お尻が沈んで体が「くの字」になっている要因は2つ考えられます。足の裏で水を後方にけり出す自転車こぎキックになっているか、水をかく両手を動かすタイミングが合わずに、両手が体の横で気をつけの状態になっているかです。

手をどんどん動かして水をかくのではなく、1回1回きちんと体が伸びる姿勢をつくってください。

！ 気をつけよう

気をつけの姿勢にならない

足裏で水を後方にけり出す"自転車こぎキック"や、手が体の横でそろう"気をつけ姿勢"になっていると、背中が丸まってお尻が沈みやすくなります。

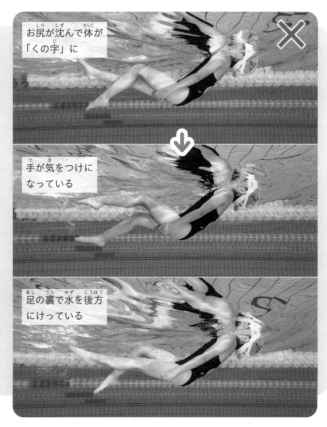

お尻が沈んで体が「くの字」に ✕

手が気をつけになっている

足の裏で水を後方にけっている

やってみよう

片手バンザイ 10キック

片手を頭の先で伸ばし、もう一方の手は体の横につける。バタ足で10回キックをしたら、水をかきながら両手を入れ替える。手をぐるぐる動かさず、1回ずつ正しい姿勢をつくる意識を持とう。

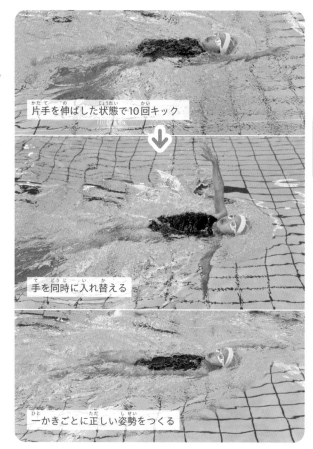

片手を伸ばした状態で10回キック

手を同時に入れ替える

一かきごとに正しい姿勢をつくる

レベルアップのコツ

戻す手を早めに動かす

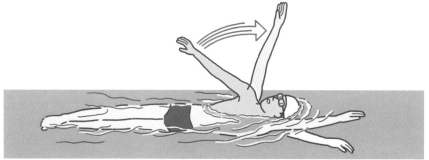

上に戻す手より、水をかく手のほうが速く動きやすい。手を上に戻すタイミングを早くすることで、同じタイミングで入れ替えよう

Q 44 もっと速く泳ぎたいです

A 手首の使い方が大事になります

たとえば、立った状態で後ろにある物を手で押すより、横にある物を押したほうが力は入りやすいように、背泳ぎでは体の横で水をかくことが大事になります。

そのためには、手首（手の平）が進む方向とは逆を向きながら水をかいていく必要があります。その動きを習慣づけるための練習をしていきましょう。

▶ やってみよう1 イカフィニッシュ

バタ足をしながら両方の手の平を外側に向けて、肩の位置まで上げる。手首（手の平）を後方に向けたままイカが泳ぐようなイメージで体の横で水をかいていき、最後に手首を返す。

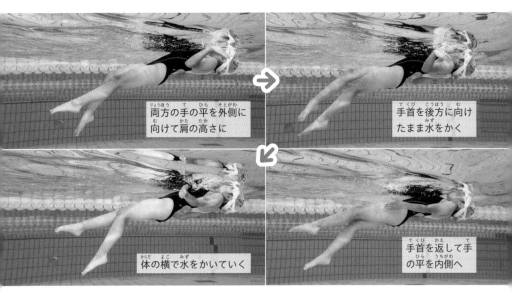

両方の手の平を外側に向けて肩の高さに

手首を後方に向けたまま水をかく

体の横で水をかいていく

手首を返して手の平を内側へ

やってみよう2　両手背泳ぎ

バタ足をした仰向けのけのび姿勢から、両手で同時に水をかいていき、戻すときも同時に。イカフィニッシュでおこなった手首の感覚を大事にする。

バタ足をしながら両手を上に

両手で同時に水をかいていく

体の横をかいて、最後に手首を返す

かき終わったら両手を上から戻す

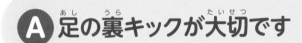

平泳ぎについて

Q 45 うまく進んでいきません

A 足の裏キックが大切です

🚩 やってみよう1 足の裏キックを確認

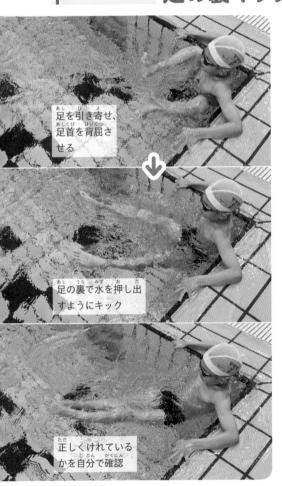

足を引き寄せ、足首を背屈させる

足の裏で水を押し出すようにキック

正しくけれているかを自分で確認

プールサイドやコースロープなどを使い、L字となる場所にヒジをかけて正面を向いたまま平泳ぎキックをする。足の裏で水をけれているかを自分で確認しよう。

☝ ココが大事！

足首の背屈

平泳ぎキックのときは足首を背屈させることで、足の裏で水をけります。

98

クロールや背泳ぎで使うバタ足や、バタフライのキックはどれも足首を伸ばして足の甲を使って水をけります。しかし、平泳ぎだけは特殊で足首を立てて（背屈させて）、足の裏で水を後方へとけり出します。

足首の背屈や、足の裏を使ったキックは進むために大事なポイントですが、独特な動きなのでできているかを確認してみましょう。

⚑ やってみよう2　仰向け気をつけキック

仰向けの気をつけ姿勢で水に浮いた状態から、平泳ぎのキックで進む。足首を背屈させて、足の裏で水を後方へける感覚をつかもう。

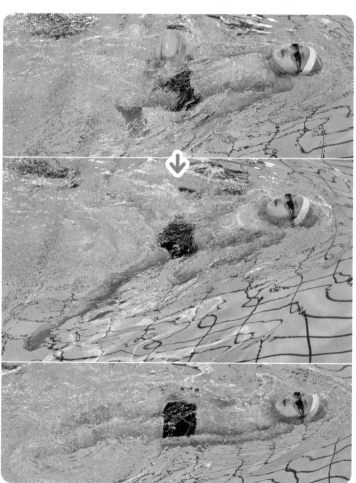

仰向けで足を引きつける

足首を立てて足の裏でキック

足の裏で水をける感覚をつかむ

99

平泳ぎについて

Q 46 キックで体が横を向いてしまいます

A バランスを整える練習をしましょう

やってみよう　クロスキック

ビート板を持って平泳ぎのキックで進む。に左足が右足の上でクロスするようにけるが上でクロスするようにキックしよう。

左腰が下がる場合は、キックの最後（写真）。右腰が下がる場合は、右足

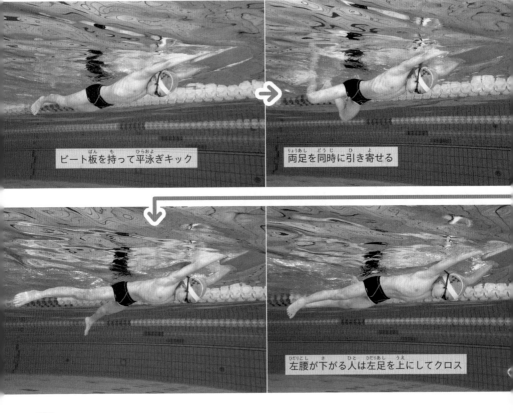

ビート板を持って平泳ぎキック

両足を同時に引き寄せる

左腰が下がる人は左足を上にしてクロス

平泳ぎキックのときに、体が左右どちらかに傾いてしまうということは、片足は足の裏でけれているものの、もう一方の足は最後に足首が返って足の甲でけっているのだと思います。腰が横向きにねじれると、この動きになりがちです。

　こうした状態を矯正するためには、けったあとに足を交差させるクロスキックで腰のねじれをなくし、左右のバランスがとれたキックをすることが大事です。

📢 ワンポイントアドバイス　まずはゆっくり優しくけり出してみる

　キックのけりはじめのときに骨盤（腰）が傾くと、左右のキックに差が出てしまいます。うまくけることができない場合は骨盤が傾かないようにゆっくり優しくけり出してみてもいいかもしれません。足の裏でくり返し優しく水をとらえられるようになってから徐々に強くける練習に移りましょう。

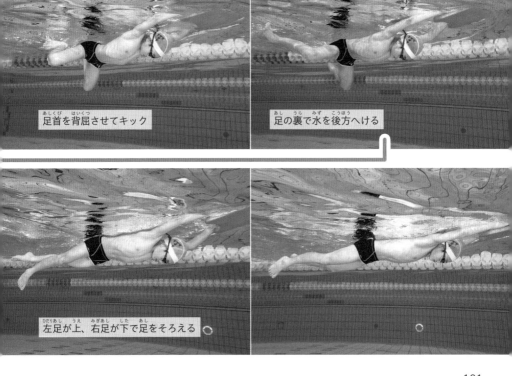

足首を背屈させてキック

足の裏で水を後方へける

左足が上、右足が下で足をそろえる

平泳ぎについて

Q47 足が沈んでしまいます

A 浮き身を再確認しましょう

平泳ぎはほかの泳ぎ方と違って、キックやプルのあとに体をしっかり伸ばして進む時間が必要になります。しかし、クロールや背泳ぎを中心に練習をしていると、この時間を忘れて常に動いてしまいがちです。

キックやプルの動きには問題なさそうだけれど、体が沈んでしまうという人はあらためて、けのび姿勢がどのようなものか確認しましょう。

☝ ココが大事！ 正しいけのび姿勢を思い出そう

Q16（P36-37）で練習した、けのび姿勢を思い出しましょう。両手を前に伸ばして、お腹やモモ、足先までをまっすぐに伸ばしたけのび姿勢は、水の抵抗が少ない泳ぎの基本姿勢。これができていないと、手足をいくらうまく動かしてもあまり進みません。

キレイなストリームラインは泳ぎの基本となる

📓 知ってる？ ストリームライン

ストリームラインとは、手から足までをまっすぐ伸ばした水の抵抗が少ない浮き身姿勢のこと。「けのび姿勢」と同様の意味です。

レベルアップのコツ

1回ごとに伸びる

平泳ぎではキックとプル動作のあと、毎回、キレイなストリームラインで伸びることがスピードアップにつながります。

🚩 やってみよう1　お腹ビート板

両手を伸ばしてビート板を上から支え、おへそからモモの下あたりにかけて、もう1枚ビート板を置く。その状態で頭を水の中に入れてけのび姿勢をとり、10〜15秒制止する。

けのび姿勢をキープできない場合、体が反っていたり傾いていたりと姿勢に問題があることが多い。キレイな姿勢を意識して

🚩 やってみよう2　足首ビート板はさみ

お腹ビート板と同様、両手をそろえてビート板を支え、もう1枚のビート板は足首ではさむ。はさんでいるビート板を腹筋を使って下に押し込むイメージで、けのび姿勢を維持する。

何もしないでいると、お腹が下がって体が反ってしまう。はさんでいるビート板を下に押し込んで、正しいけのび姿勢を維持しよう

平泳ぎについて

Q 48 スピードをつけたいです

A 大きな泳ぎを 身につけましょう

やってみよう 2キック1プル

1回ごとにしっかりと伸びることを意識して、2回続けてキック。2回目のキックに合わせてプル動作から息つぎをする。これをくり返していく。

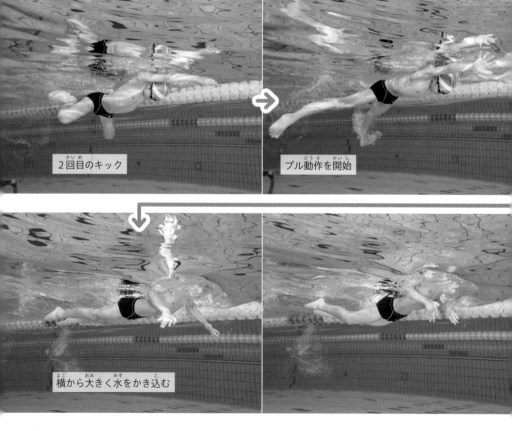

2回目のキック

プル動作を開始

横から大きく水をかき込む

力強く大きなキックとプルで、1回ごとにしっかりと伸びる大きな泳ぎを身につけましょう。

紹介する2キック1プルの練習方法は、いろいろなレベルの選手が取り組むベーシックなメニューです。

息つぎが1回少ないため、水の抵抗が少なくキックで大きく進めるほか、プルも余裕を持ってより強く、より大きくかくことができます。

ココが大事！ 水のかきはじめで呼吸を開始

平泳ぎは水をかいて手を戻す動作が速く、呼吸の時間が短いです。水をかきはじめたタイミングで呼吸をするように意識するとタイミングが合いやすくなります。

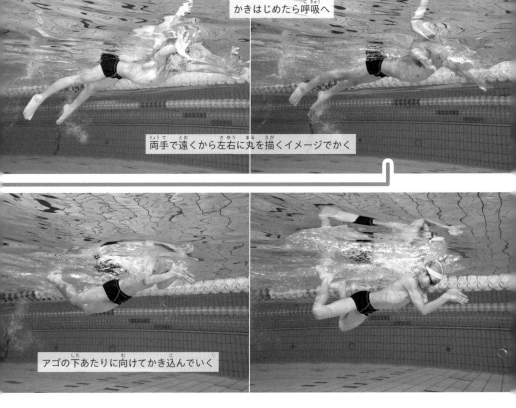

かきはじめたら呼吸へ

両手で遠くから左右に丸を描くイメージでかく

アゴの下あたりに向けてかき込んでいく

Q49 キックであまり進みません

A 水を押し込むイメージが大切です

　両足をそろえるキックができていて、どんどんけっているにもかかわらず進まない場合、ヒザが曲がりすぎて足が水面をたたいている可能性が高いです。

　バタフライのキックは水面をたたくのではなく、水を下へと押し込むイメージです。

　また、頭など上半身ばかり動くと進みません。キックで進むようになってから上半身のうねりを使いましょう。

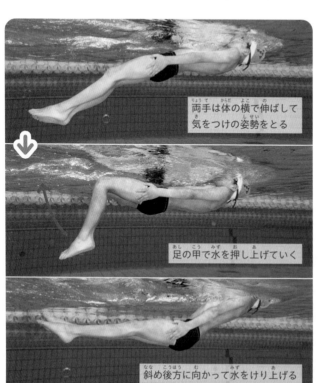

両手は体の横で伸ばして気をつけの姿勢をとる

足の甲で水を押し上げていく

斜め後方に向かって水をけり上げる

▶ やってみよう1

気をつけ背面キック

　足の動かし方を身につけるために、まずは仰向けの状態でバタフライキックをおこなう。背泳ぎのキックと同様に、斜め後方に向けて水をけり上げるイメージで取り組む。

⚠ 気をつけよう き

足で水面を あし すいめん
たたかない

　水面をたたくキックは水 すいめん みず
しぶきがたくさん上がって、 あ
しっかりキックができてい
るように見えます。しかし、 み
水を押し込むキックでなけ みず お こ
れば進む力にはなりません。 すす ちから

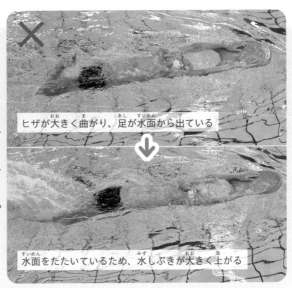

ヒザが大きく曲がり、足が水面から出ている おお ま あし すいめん で

水面をたたいているため、水しぶきが大きく上がる すいめん みず おお あ

うつ伏せで両手を伸ばした気をつけの姿勢 ぶ りょうて の き しせい

上半身はあまり動かさず、モモから動かす じょうはんしん うご うご

足の甲で水を下に押し込むイメージでキック あし こう みず した お こ

▶ やってみよう2

うつ伏せ ぶ
気をつけ き
キック

　気をつけ背面キック き はいめん
でやったことを、うつ
伏せでおこなう。上半 ぶ じょうはん
身が動きすぎるとあま しん うご
り進まないため、上半 すす じょうはん
身は伸ばしたままでモ しん の
モから動かす意識でキ うご いしき
ックをする。

手を戻すときに ヒジが曲がります

A 左右対称に 動かしましょう

水をかく手を戻すときにヒジが曲がってしまうと、次にしっかり水をかけない、大きな泳ぎができないなどの問題につながります。

ただし、バタフライを泳ぎはじめたばかりの人は、両ヒジもしくは片ヒジが曲がっていることが多いものです。練習で正しいプル動作ができるように、しっかりと直していきましょう。

！ 気をつけよう

戻すときヒジが曲がってしまう

ヒジを伸ばして、手の甲を進行方向に向けて横から戻すのが本来のかたち。ヒジが曲がるのはバタフライ初心者に多いクセで、次に水をかきにくくなってしまいます。

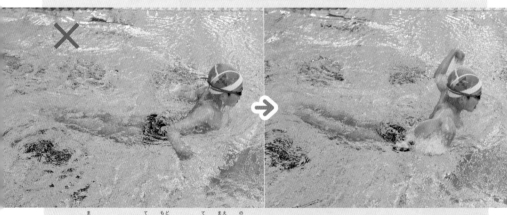

ヒジが曲がったまま手を戻すと、手を前に伸ばすことができない

やってみよう 片手バタフライ

片手のみでプル動作をするバタフライ。1回目のキックのあとにしっかりと伸びてから2回目のキックを打ち、手をかききってからゆっくり大きく戻す。

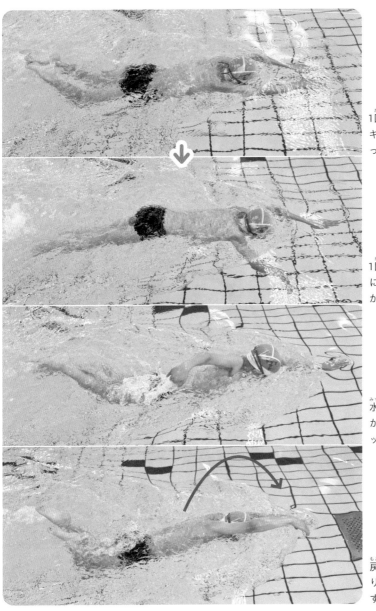

1回目のキック。キックごとにしっかり伸びる

1回目のキックに合わせて水をかきはじめる

水をかききってから2回目のキックで手を戻す

戻す手はゆっくりと大きく動かすイメージ

109

Q51 呼吸がしにくいです

A タイミングを確認しましょう

やってみよう 息つぎ練習〜右・左・両手プル

右手で1回、左手で1回、両手で1回の順でプル動作をおこない、両手のプルに合わせて息つぎをする。キックはプル1回ごとに2回入れる。両手に比べ腕を戻す動作が簡単な片手プルで呼吸のイメージを持ったあと、両手プルで呼吸しよう。

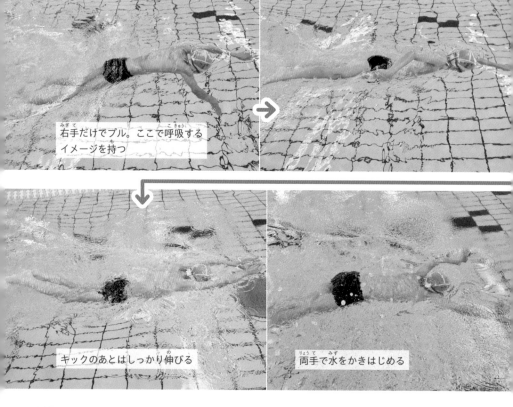

右手だけでプル。ここで呼吸するイメージを持つ

キックのあとはしっかり伸びる

両手で水をかきはじめる

両手と両足を同時に動かす平泳ぎやバタフライでは、呼吸のタイミングが大事です。タイミングを間違えると息つぎができなくなってしまいます。

とくに子どもの場合、腕に力がなくプル動作に時間がかかるため、水のかきはじめで呼吸をして、頭を水に入れた状態で手を戻すようなイメージで息つぎをしましょう。

☝ ココが大事！ かきはじめで呼吸

水のかき終わりに呼吸をしようとすると、かいた腕が水中に出はじめて体が沈むため呼吸が難しくなります。水のかきはじめで呼吸をしましょう。

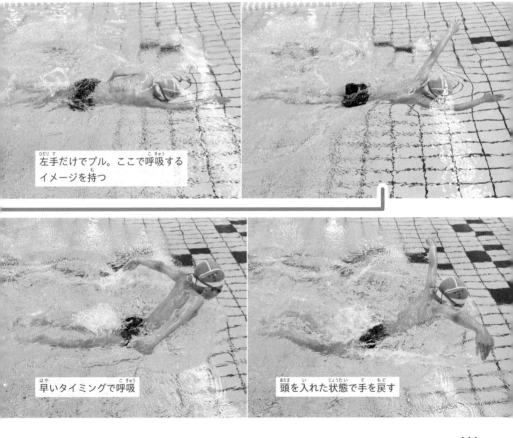

左手だけでプル。ここで呼吸するイメージを持つ

早いタイミングで呼吸

頭を入れた状態で手を戻す

Q 52 速く泳ぐには どうすればいいですか?

A 効率よく泳ぎましょう

やってみよう ビート板あり片手バタフライ

片手でビート板を上から押さえ、腕はしっかりと伸ばす。そこから片手のみのプル動作でバタフライ。頭の上下動を少なくして、体をしっかり伸ばすことを意識しよう。片手でプルした際に、反対の手で押さえているビート板が前方へすべるようにおこなう。

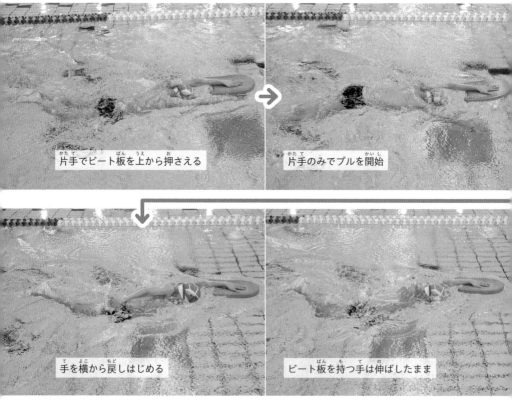

片手でビート板を上から押さえる

片手のみでプルを開始

手を横から戻しはじめる

ビート板を持つ手は伸ばしたまま

バタフライでは、けのび姿勢でしっかり伸びることが大事です。キックやプルの動作を生かして、効率よく前に進んでいきましょう。

泳ぎながらしっかり伸びる姿勢をつくるためには、ビート板ありの片手バタフライが有効です。ビート板を押さえる腕がしっかり伸びていないとビート板を持ち続けられないため、難易度の高い練習です。

通常のバタフライと同じ2キック1プルの動作で、ビート板あり片手バタフライ練習をおこなうと、動きが忙しくてしっかり水をかけない場合は、4キック1プルにしましょう。余裕を持ってプル動作がおこなえます。

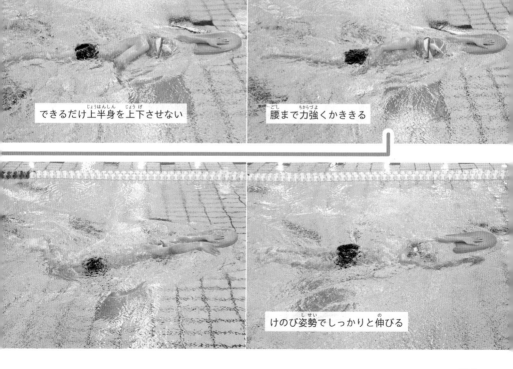

できるだけ上半身を上下させない

腰まで力強くかききる

けのび姿勢でしっかりと伸びる

ターンがうまくできません

A 練習で苦手を
克服しましょう

やってみよう1 モモの引きつけ

両手で壁を持ち、体を伸ばした状態からヒザを曲げて体にモモを引きつける。
壁に足をつけたら、再び壁を持ったまま足を伸ばしてくり返す。

体を伸ばして両手で壁を持った状態からスタート

ヒザを曲げながら、モモを体に引きつける

モモをよく引きつけて、両足で壁にタッチ

ターンが苦手なら、追加の練習方法があります。

まず、タッチターンでつまずくケースは多くはありませんが、苦手としている場合はモモの引きつけが足りていない可能性があります。

また、フリップターンは水中での前回りが苦手なことが多いので、ビート板を使った練習でキレイに前回りのイメージをつかみましょう。

🚩 やってみよう2　ビート板前回り

両手でビート板を1枚ずつ上から支え、両手を同時に横へ広げていって頭を水中に入れる。左右にブレずに、キレイに縦に1回転しよう。

うつ伏せの状態で両手に1枚ずつビート板を持つ

両手を横に広げながら頭を水中に入れる

ビート板を押さえながら回転していく

左右にブレないように心がけて回転

試合ではみんな緊張する

第4章の内容に取り組むほどに泳げるようになっているみなさんなら、大会への出場を考えているかもしれません。試合本番では日々の努力が自信になります。緊張はだれでもするものですから気にしすぎず、練習してきたことをすべて出しきる気持ちでのぞみましょう。

本書を手に取っている方の中には、試合に出場する選手本人だけではなく、親御さんもいらっしゃると思います。試合前の子どもたちは、親御さんがあれこれ言うほどプレッシャーを感じてしまいます。

たとえば、試合が近づいているのに練習のタイムがよくなかったとき。「それじゃあダメでしょ」と言うのか、「次はがんばろう」と言うのか。言葉のチョイスの仕方で、子どもたちの心の負担は大きく変わってきます。仮に本番で失敗したとしても、それは子どもにとって糧となります。

親御さんは子どもの横に立ってしまうのではなく、一歩引いてサポートに徹していただきたいと思います。「本番が楽しみ！」と、子どもたちが思える環境がベストです。

試合はだれでも緊張する。練習の成果を出そう

第5章
競技会に出てみよう

競技会で知っておくと役立つことを伝えます

試合、楽しみ！しっかり準備します

Q54 どのような大会がありますか?

A 大小さまざまな大会があります

初心者のみなさんが出場できる大会には、住んでいる市区町村などが開催している各地域の大会と、スイミングクラブに所属して出る大会の2つがあるといえます。地域の大会はだれもが出場できる貴重な試合の機会です。インターネットや区報などでこまめにチェックしてみましょう。ここでは、トップ選手が出場する、代表的な大会を紹介します。

オリンピック

4年に1度開催されるスポーツの祭典。水泳競技で出場するためには、同じ年の4月に開催される日本選手権の決勝で、2位以内かつ定められたタイムを上回る必要がある。水泳以外にもさまざまな競技がおこなわれ、2021年には東京で開催された。

日本選手権

毎年、4月上旬に東京アクアティクスセンターで開催される、水泳の日本一決定戦。日本国内で開催される大会としては一番大きな大会となる。

ジュニアオリンピックカップ

年齢区分ごとに分けられ、小学生から高校生までのトップ選手たちが参加する大会。短水路（25メートル）で開催される春と、長水路（50メートル）で開催される夏の2回があり、小学生選手にとっては唯一の全国大会となる。通称「JO」と呼ばれる。

東京アクアティクスセンター。東京オリンピックの舞台になったほか、日本選手権やジュニアオリンピックカップも毎年、ここで開催される

知ってる？ 標準記録

　ほかの多くの競技では、たとえば地区大会で勝てば県大会に出場できますが、水泳は勝てば上位の大会に出られるというわけではありません。各大会には種目ごとに標準記録というタイムが設定されていて、参加するにはそのタイムを上回る必要があります。

Q 55 大会前日から当日の行動はどんなですか？

A 余裕を持った行動を心がけましょう

大会前日からレースまでの流れを紹介します。

本番で力を発揮するためには、時間的にも気持ち的にも準備をしておくことが大切です。余裕を持った行動を心がけましょう。

大会前日

早めの就寝を心がける。朝起きたら消化のいいものを食べ、忘れ物がないかをチェックしたら大会会場へ向かおう。

会場到着

大会会場では選手の控え場所が決まっている。あらかじめ集合場所を決めていない場合は、先生を探そう。

大会プログラムで自分の出場するレースがどのタイミングでおこなわれるかをしっかり確認する。

ウォーミングアップ

多くの大会では7時や7時30分からウォーミングアップがおこなえ、9時に試合がはじまる。大きな会場ならサブプールでいつでもアップができるが、小さな会場の場合は朝のアップでしっかりと泳いでおこう。体操やストレッチも各自でおこなっておく。

プールのチェック項目
ウォーミングアップで次の項目を確認しよう。いつも練習しているプールとの違いにあわてないよう、さまざまな感覚をチェックしておくと安心。

□ターン時の壁のすべり具合
□プール内から見た5メートルフラッグの高さ
□プールの水深と底の見え方
□スタート台の形状

休息

自分のレースまでに体が冷えないように注意する。おにぎりやゼリー飲料、バナナなどの補食は、軽めのものをこまめにとろう。

レース本番

練習の成果を発揮しよう。ベストタイムを出すことをイメージして、いざ本番！

知ってる？ レース方式について

小学生の大会では、全員が1回ずつ泳いだタイムで順位を決める「タイム決勝」という方式が多くとられています。予選と決勝が分けておこなわれるのは、全国大会など一部の大会のみです。

こちらもチェック⇨ P123 補食

Q56 大会前にやることはありますか？

A 必要な物のチェックをしましょう

所属クラブから大会の案内が来たり、市区町村の大会情報などを調べたりして出場する大会が決まったら、申し込みをしましょう。

開催日時や場所、集合時間やタイムスケジュールを確認してください。あらかじめ、大会に必要な物のチェックもおこないましょう。

持ち物チェック

招集所に向かうときには、ナップサックがあると便利。その中にゴーグル、キャップ、バスタオルを入れよう。レース前にそれらを出したら、今度は脱いだTシャツなどをしまっておく。ほかの選手たちの荷物と交じるのを防ぐことができる。なくさないように、とくにゴーグルには名前を書いておくといい。

- ☐ 水着
- ☐ キャップ
- ☐ ゴーグル
- ☐ バスタオル
- ☐ ジャージ
- ☐ Tシャツ
- ☐ ビーチサンダル
- ☐ ナップサック

こちらもチェック→P124 招集所

公認大会に出場する場合は、公認マークの水着を着る必要がある。必ずしも高価な競技用水着である必要はないが、公認マークがあるかないかは事前に確認しておこう。

公認マークの入った水着

特殊な素材でつくられた、水の抵抗が少ない競技用水着。男性はおへそからヒザ上まで、女性は肩口からヒザ上までと、おおう範囲が決められている

補食

大会の空き時間などにエネルギーを補給するための補食。おにぎりやゼリー飲料、バナナなどがおすすめ。

ワンポイントアドバイス **余裕があれば事前にチェック**

大会前に余裕があれば、会場までの交通手段や会場付近のコンビニの場所などを、事前に確認しておきましょう。大会当日に余裕を持って行動することができます。

Q 57 レースは どうはじまりますか？

A 必ず招集所に行きましょう

会場内のアナウンスは競技中のレースが優先されるため、選手招集にかかわるアナウンスはされません。

事前に自分の出場するレース順や時間、招集所の場所を確認し、20分前には自分で招集所に向かいましょう。レース開始時間は早まることもあるので、現在おこなわれているレースをチェックすることも忘れないでください。招集所の点呼の時点でいなかった場合、棄権（不出場）となってしまうので注意が必要です。

ワンポイントアドバイス 招集所で友だちをつくろう

同じレースを泳ぐ選手たちは、種目や速さが共通していて一緒に泳ぐ機会も多くなります。レースまで時間がある場合は、ぜひコミュニケーションをとってみましょう。

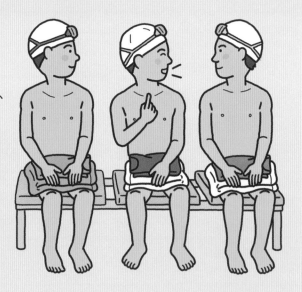

Q58 大会での心構えを教えてください

A 練習でやったことを再現しましょう

　大会やレース本番で、いきなり新しいことに挑戦するのはトップ選手でも難しいことです。大会では普段の練習でやっていることをしっかり再現しましょう。

　水泳は同じ動作をくり返しおこなうスポーツです。同じ練習を何度もおこなって、泳ぎの動作を無意識にできるまでにしてください。ですが、たまには息抜きも大切。ときには種目を変えたり、ほかの人と競争したりして、楽しく練習しましょう。

大会では練習で身につけた動きをしっかり再現しよう

Q 59 緊張してしまいます

A みんな緊張します

安心してください、みんな緊張します。緊張しすぎてもダメですが、緊張しなさすぎてもタイムは上がりません。適度な緊張感が自信と結果を生みます。

自信があればあるほど緊張はしにくくなりますし、たくさんの練習で身につけた自信は、水泳以外でもあなたをいろいろな場面で助けてくれるはずです。

 ココが大事！ 緊張のパターンと理由を知ろう

- □ 種目によって緊張する
- □ 距離によって緊張する
- □ 時間（タイム）によって緊張する

このほかにも、自分がどんなときに緊張するのかを知ることが大切。緊張のパターンがわかったら、それを克服するための練習をたくさんおこなうことで、自信をつけてからレースに向かいましょう。

選手の年齢やレベルを問わず、緊張する理由は大きく分けて次の2点の場合が多いように感じます。

① 練習不足からくる不安
② 意気込みが強すぎて力む

いきなり本番を迎えるのではなく、本番をシミュレーションした試合形式の練習（時と場所を分けてタイムを計る）を取り入れるといいでしょう。自分の体と心にどんな変化が起きるか発見できるかもしれません。どんな状況でも普段通りの泳ぎができることが理想です。

Q 60 どんなルールがありますか?

A よくある失格理由を覚えておきましょう

種目ごとにさまざまなルールがありますが、よくある失格理由を覚えておきましょう。

各種目共通で、出発合図の前にスタートする「フライング」が多く見られます。また、バタフライと平泳ぎは違反が多い傾向にあるので、それらについても覚えましょう。

タッチ（ターン）の違反

両手を同時に動かすバタフライと平泳ぎは、ターンやゴール時に両手で同時にタッチする必要がある。左右の手でタッチするタイミングが違ったり、タッチする手が重なっていたりすると違反になる。

両手でタッチしても手が重なっていたら違反になる

平泳ぎの違反

- ✕ ヒップラインより後ろまで水をかいた
- ✕ 脚の動きが同時ではなかった
- ✕ 脚の動きが左右対称ではなかった
- ✕ 下方へバタフライのけりをおこなった

バタフライの違反

- ✕ 両腕が後方へ同時に水中をかかなかった
- ✕ 両腕が同時に水面上を前方に運ばなかった
- ✕ 平泳ぎの脚のけりをおこなった

Q61 大会で必要な技術はありますか?

　スタート時の飛び込みと、スタートやターン後の潜水技術であるドルフィンキックやバサロキックが必要になります。飛び込みと潜水技術があれば、速い泳ぎにつながります。

　ドルフィンキックはバタフライキックの動きでできるため、ここでは仰向けでバタフライキックをおこなうバサロキックの練習法について紹介します（P132～133）。

やってみよう1　両足立ち飛び

　スタート台の上に立ったら、両足をそろえて踏み込み、前方に向けて大きくジャンプ。足から水に入る。

スタート台の上で両足をそろえる　　　　ヒザを曲げて腰を落とし、反動をつける

A 飛び込みやバサロキックが必要になります

飛び込み

スムーズに泳ぎをスタートさせるための技術が飛び込みだ。
飛び込みは一歩間違えば大ケガにつながってしまう。
練習する際は、次のことを守ろう。

> ❗ 必ず大人(指導者)と一緒におこなう
> ❗ 子どもだけでは絶対におこなわない
> ❗ プールが飛び込み可能か確認する

両足(母指球*)でスタート台をけってジャンプ

大きく飛んで足から水に入る

＊足の裏の親指の下にあるふくらんだところ

やってみよう2　腹打ちジャンプ

両手を前に伸ばしてけのび姿勢をつくったうえで、顔は正面を向く。その状態のまま腰を落として両足でスタート台をしっかりとけり、水面に対して体を伸ばしていく。安全のためこの練習ではまだ頭を腕の間に入れない。

けのび姿勢をつくり、頭は腕の間に入れずに正面を向く

腰を落としてスタート台をしっかりける

けのび姿勢のまま水面に対して体を伸ばす

顔は正面を向いたままお腹を打つように着水

🚩 やってみよう3　けのび姿勢から飛び込み

基本は腹打ちジャンプと同じ。両腕で頭をはさむようにして、顔が下向きのまま視線を斜め45度先に向けてジャンプ。両腕の高さをキープしたまま飛び込む。

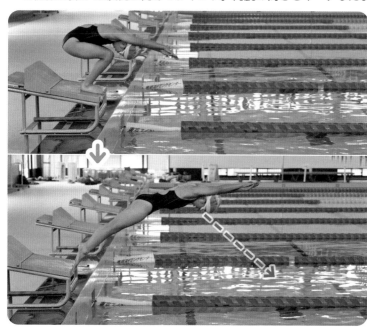

両腕で頭をはさむようにして、けのび姿勢をつくる

下向きのまま視線を斜め45度先へ。腕の高さをキープする

⚠ 気をつけよう

入水角度がつきすぎると危険！

腕で頭をはさんだときに、背中が丸まってしまうと飛び込み時に入水角度が急になり、大きな事故につながりやすいです。腕はこめかみをはさむ程度で、手はまっすぐ前に伸ばしましょう。

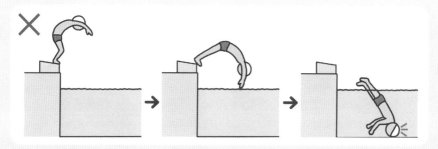

バサロキック

スタートやターン後に、平泳ぎを除く3泳法は15メートルまでしか潜水できないというルールがある。15メートル地点までに、クロールとバタフライはドルフィンキックを、背泳ぎはバサロキックをしてスイムへとつなげる*。ドルフィンキックはバタフライキックと同様だが、仰向けになるバサロキックは背泳ぎのときしか使わない動きのため、よく練習しておこう。

*平泳ぎはスタート、ターン後に、水中でひとかき、ひとけりをすることができる。その際にさらにドルフィンキックを1回だけ加えることができ、距離の制限はない。

やってみよう1 1メートルもぐり仰向けのけのび

スタートやターン直後に体が水面から出てしまうと、バサロキックが打てない。まずは1メートル程度もぐった状態で仰向けのけのびができるようにする。

○

プールサイドを持ち、壁に足をつける

お尻を沈めながらもぐり、手はけのびのかたちに

水深1メートル程度の位置で、壁をけってけのび

×

お尻を沈めずに壁をけっている

けった直後に水面の上に体がある

やってみよう2 背面、気をつけバタフライキック

手を体の横につけた気をつけ姿勢のまま、仰向けでバタフライキックをして進む。お腹とモモは常に一直線にすると意識して、お尻が落ちないように注意する。

これができたら左ページのけのびの状態でバタフライキックをおこなおう。それがバサロキックになる。

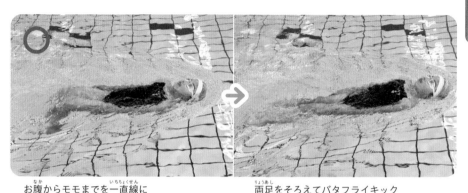

お腹からモモまでを一直線に　　　　両足をそろえてバタフライキック

お尻が落ちると体が「くの字」になる　　上半身が起きてブレーキになる

ワンポイントアドバイス 鼻から息を少しずつ出す

鼻から息を少しずつ出して、水が入らないようにしましょう。慣れてきたら上唇で鼻をふさぐこともできるようになります。

Q62 プール外のトレーニングは必要ですか？

肩甲骨（けんこうこつ）トレーニング

水泳の基本であるけのび姿勢など、水泳は体を伸ばすスポーツ。腕を伸ばして遠くから強くかくためには、肩甲骨が大きく動く必要があり、そのためのトレーニング。

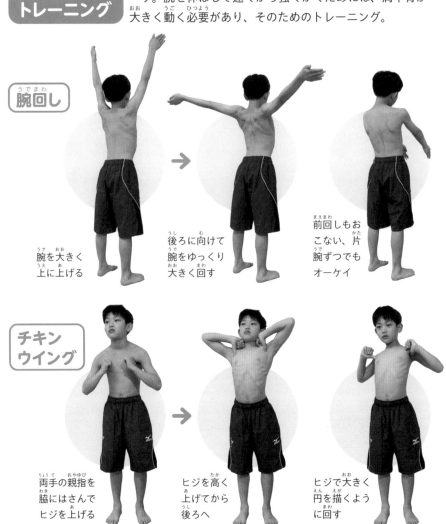

腕回し（うでまわし）

腕を大きく上に上げる → 後ろに向けて腕をゆっくり大きく回す → 前回しもおこない、片腕ずつでもオーケイ

チキンウイング

両手の親指を脇にはさんでヒジを上げる → ヒジを高く上げてから後ろへ → ヒジで大きく円を描くように回す

A 積極的に取り入れましょう

陸上でのトレーニングでは、水中練習だけでは身につけられない体の使い方などを鍛えられます。

ある程度、泳げるようになったあとは筋力トレーニングも必要になっ

てきますが、まずはここで紹介するトレーニングで自分の体をうまく使えるようにすることが大切です。

ちなみに陸上トレーニングは、ドライランドとも呼ばれます。

手首・足首のトレーニング

手首が柔らかいと、前でキャッチした水をしっかりかき続けることができるなど、水を逃さないプル動作につながる。足首も同様に、柔らかいほうが水を長くとらえられる。

手首

片腕を伸ばした状態で指を持ち、手前に引っ張る

足首

床に座って片足を伸ばし、足を前に倒す

今度は逆に足を手前に倒す。これをくり返す

ハムストリングの トレーニング

ハムストリングとはモモの裏側にある筋肉のこと。ハムストリングが柔らかいと、腰がしっかり伸びたストリームラインがとれ、キックが安定して強くけれるようになる。

座って 足先にタッチ

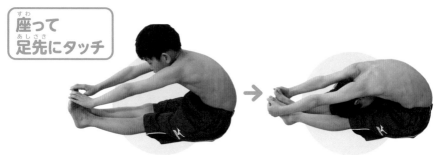

座った状態で両足を伸ばし、足先を持つ

ヒザを曲げずにゆっくりと体を倒す

立って 床にタッチ

立った状態で手で床をタッチ

ヒザを曲げずにゆっくりと体を倒す

脚振り

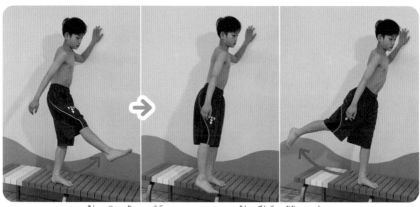

脚の付け根から動かすイメージで、脚を前後に大きく振る

Q 63 ほかに大会で大切なことはありますか?

A 大会には慣れも必要です

競技会はだれもが緊張する場所なので、たくさんの大会に出て慣れることも大切です。慣れてくれば余裕も生まれるので、急な変更などにも対応できるようになります。

また、競技会は普段出会わない人と友だちになれるチャンスです!「ベストタイムは何秒?」「どんな練習しているの?」など、コミュニケーションをとるようにしましょう。

- ☐ 大会にたくさん出て慣れよう
- ☐ 慣れることで余裕を持った行動ができる
- ☐ 競技会は普段と違う友だちをつくるチャンス!

ココが大事! 速い人の動きをマネしてみよう

自分よりも速い選手の動きをマネするのも、上達への近道です。自分のレースだけではなく、ほかの人のレースもよく見て、応援しましょう。

速い選手はほかの選手より①キック、プル動作が速い②キック、プル動作が力強い③泳いでいるときに体が浮いている——など泳ぎに違いがあります。まず、その違いを見つけて、練習のときに動きをマネしてみましょう。いろいろな動きを試す中で、自分に合った動きや泳ぎを見つけることができます。人に言われたものに比べ、自分で見つけたものは簡単には忘れません。

さくいん〈用語解説〉

主な掲載ページを紹介します

ゆめちゃん

水泳ってとても楽しいね
泳ぐのが大好きになりました

マナブくん

これからもっと練習して
どんどん速く泳げるようになりたい！

著者 七呂靖弘先生＆七呂理絵先生

水泳を楽しんでもらえたら
先生たちもうれしいです

おわりに

　本書を手に取り、また最後まで読んでいただき、ありがとうございます。

　一度は読んだ項目であっても、水泳でわからないことが出てきたら、この本に戻ってきてみてください。すでにできるようになった項目のページも、後々振り返って読んでみると新しい発見があると思います。

　水の冷たさや柔らかさ、ふわふわとした感触は、水に入ることでしか得られません。肌に直接触れる水の感覚は、体に刺激とリラックスを与えてくれます。

　泳ぐことを通してみなさんの体が丈夫になり、心が豊かになることを願っています。

七呂靖弘

[著者]

七呂靖弘

鹿児島県立甲南高等学校－鹿屋体育大学卒業。日本スポーツ協会水泳コーチ1、競泳C級審判員、健康運動実践指導者。東京スイミングセンターにて子どもから大人までさまざまな年齢のスイマーを指導。競技会運営責任者として主催大会を含む多くの競技会の運営、進行に携わる。3歳のときに地元のスイミングクラブに入会したが、水が苦手で1年間、練習のたびに泣いていた。その後、高校まで競泳を続けて多数の全国大会に出場。大学では硬式野球部に選手として所属。競泳とは違う角度からトレーニング方法や運動生理、チーム運営を学んだ。好きな言葉は「たんのう」。

[著者]

七呂理絵（旧姓：外谷）

実践学園高等学校－東京リゾート＆スポーツ専門学校卒業。幼稚園教諭二種免許ならびに保育士資格保有。東京スイミングセンターのベビー教室、幼児小学生教室を長年担当。「明るく元気に楽しく指導」がモットー。東京スイミングセンターには4歳のときに短期教室へ参加したことをきっかけに入会。小学6年まで選手として在籍。中学以降は陸上（短距離）選手として活躍。学生時代にトレーニングの一環でフィットネスエリアを利用していた際、アルバイトに誘われてコーチ人生がスタートした。

[撮影協力] 東京スイミングセンター

　1968年6月に東京都豊島区駒込に設立。「オリンピックで旗をあげる選手を輩出する」ことを目標として、設立当初からトップスイマーの育成に力を入れてきた。その後、2004年アテネオリンピックと2008年北京オリンピックで100メートル、200メートル平泳ぎで金メダルを獲得した北島康介氏など、数多くのオリンピック選手を生んでいる。小学生から高校生年代のジュニア選手の強化についても、ジュニアオリンピックカップの団体総合優勝など、さまざまな全国大会で多くの選手の活躍を後押し。初心者クラスやベビー教室では50メートルプールを25メートル仕様に変更し、最大25レーンを使用して練習を開催している。

©東京スイミングセンター

[撮影協力] 東京スイミングセンターのみなさん

七呂理瑚、七呂瑚都、櫻井裕心

デザイン　　シーツ・デザイン
写真　　　　黒崎雅久、野口智弘
イラスト　　竹口睦郁、いのまたさとみ
編集　　　　吉井信行

こどもスポーツ練習Q&A
やってみよう水泳

2023年10月30日　第1版第1刷発行

著　者／七呂靖弘、七呂理絵
発行人／池田哲雄
発行所／株式会社ベースボール・マガジン社
　　　　〒103-8482
　　　　東京都中央区日本橋浜町2-61-9　TIE浜町ビル
　　　　電話　03-5643-3930（販売部）
　　　　　　　03-5643-3885（出版部）
　　　　振替口座 00180-6-46620
　　　　https://www.bbm-japan.com/
印刷・製本／共同印刷株式会社